北海道
極上キャンプ
JN122390
北海道新聞社

北海道
極上キャンプ

はじめに

「北海道のキャンプはすごい！」ということを、お伝えしたい――。

絶景、美味、快適な、北海道での極上キャンプ。北海道新聞社では道内のキャンプ場を紹介するガイドブック『北海道キャンプ場＆コテージガイド』を2002年から発行しています。近年はキャンプブームの高まりにより、キャンパーの裾野が広がり、ファミリー層だけではなく、夫婦・カップル、ソロなど、キャンプスタイルも多様化。自らのキャンプスタイルをInstagramやTwitterなどSNSで発信し、多くのフォロワーを有するタレントのような有名キャンパーが登場しています。

編集部では、有名キャンパー、インフルエンサーの方、一人ひとりにお声がけし、「みんなで力を合わせて、北海道の極上キャンプを伝える書籍をつくりませんか」とお誘いしました。すると、みなさまが快く参画していただき、本書の取材をスタートすることができました。メンバー全員がそれぞれの得意分野を担当して、全道各地への取材や、撮り下ろし作品作りに奔走してきました。

ページをめくれば、北海道の極上キャンプの世界。どうぞお楽しみください。

本書の掲載情報は2023年3月現在の情報です。料金や施設の情報は変更になる場合もあります。また、新型コロナウイルスの感染拡大による影響により、施設の閉鎖や利用を制限する可能性があります。

本書の第5章と第7章に掲載のキャンプ本特典は、キャンプ本（本書）を持参して来店した場合のサービス特典です。サービスを受ける際は必ず会計前にご提示ください。特記事項がない場合は、2024年3月31日までの特典となりますが、予告なくサービスを変更したり、取りやめたりする場合もあります。ご利用にあたっては諸条件がある場合がありますので、事前にご確認ください。

北海道 極上キャンプ

CONTENTS

第6章
安くて新鮮！
まるごとおいしい買い出しスポット

第7章
キャンプ場で飲みたい
ワイン・日本酒・コーヒー

巻頭グラビア

いちばん美しい北海道のキャンプ場

bluecolor0411の絶景キャンプ紀行

bluecolor0411こと中嶋史治さんはフォトグラファーとして活躍する傍ら、趣味で始めたキャンプライフをInstagramで発信し、国内外の多くのキャンパーから注目されています。「仕事以外はもっぱらキャンプのことばかり考えています」という中嶋さんに北海道の絶景キャンプ場を紹介してもらいました。

きりたっぷ岬キャンプ場（浜中町）

海岸線を一望できる
素晴らしいロケーション。
まるで異国のような風景。

白老キャンプフィールド ASOBUBA（白老町）

ワイルドから
ファミリーまで楽しめる
フィールド。

まるで
映画のワンシーンのようだった
大沼のたそがれ。

東大沼キャンプ場（七飯町）

bluecolor0411の
絶景キャンプ紀行
色づいてる葉っぱから
こぼれる木漏れ日が
感動的な美しさ。
沙流川オートキャンプ場（日高町）

オホーツクの

抜けるような青空の下で

乾杯！

レイクサイドパーク・のとろ（網走市）

美しい夕焼けで有名な
モラップキャンプ場。
この日の淡いピンク色の夕焼けも
素敵でした。

モラップキャンプ場（千歳市）

雪中でテントフルオープン！
気持ちいいけど
さすがに寒かった（笑）

スノーピーク十勝ポロシリキャンプフィールド（帯広市）

bluecolor0411の
絶景キャンプ紀行
青い時間に
映えるバッチバチの火花。
火遊びは楽しい。
札内川園地キャンプ場（中札内村）

十勝平野を
一望できるロケーション。
大きな空に癒される。

士幌高原ヌプカの里キャンプ場（士幌町）

冬はお座敷スタイルに
ストーブ2台でヌクヌク。
わんこたちも快適そう。

アサヒの丘キャンプ場（東川町）

秋限定の鮭いくら親子丼！
キャンプの贅沢朝ごはんが
幸せ過ぎる。

bluecolor0411の
絶景キャンプ紀行
雪深いニセコで
雪中キャンプを堪能。
冬もキャンプは楽しい。
ニセコサヒナキャンプ場（蘭越町）

星に手のとどく丘キャンプ場（中富良野町）

キャンプ場の名前の通り、
本当に手が届きそうな
圧巻の星空。

眩しいほどの新緑に
真っ白なテントと
タープが映える。

AKAIGAWA TOMO PLAYPARK（赤井川村）

この夜景見ながら
飲めるなんて
これ以上の贅沢は無いよね。

サウスヒルズ（北見市）

野付の海の幸をお目当てに
片道450キロの旅。
オホーツクの夏空が
気持ちいい。

尾岱沼ふれあいキャンプ場（別海町）

bluecolor0411の
絶景キャンプ紀行
ビンテージテントから見る
ベタ凪の朱鞠内湖が美しい。
朱鞠内湖畔キャンプ場（幌加内町）

きりたっぷ岬キャンプ場（浜中町）

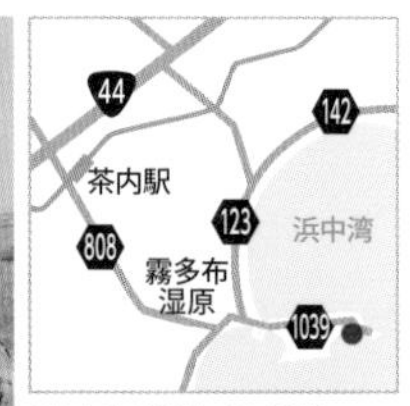

浜中町湯沸41番地
6月上旬～ 10月上旬

白老キャンプフィールドASOBUBA（白老町）

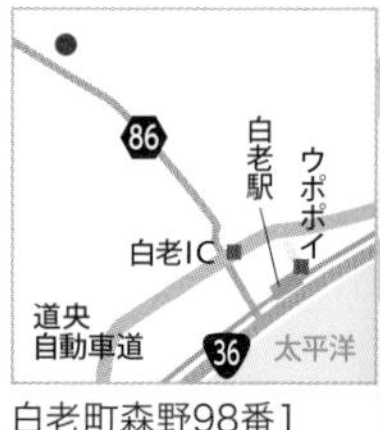

白老町森野98番1
通年（3月のみ芝保全のため休業）

東大沼キャンプ場（七飯町）

七飯町字東大沼
4月下旬～ 11月上旬

沙流川オートキャンプ場（日高町）

日高町字富岡440-2
4月下旬～ 10月中旬

レイクサイドパーク・のとろ（網走市）

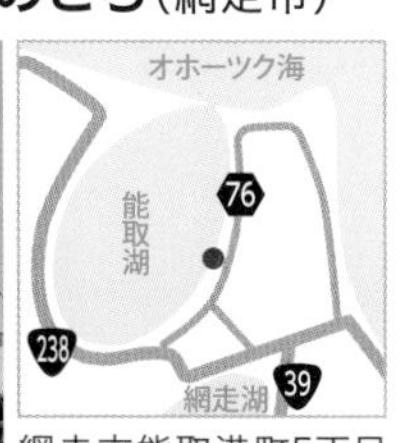

網走市能取港町5丁目1番地
6月1日～ 9月30日

モラップキャンプ場（千歳市）

千歳市モラップ
4月下旬～ 10月下旬

スノーピーク十勝ポロシリキャンプフィールド（帯広市）

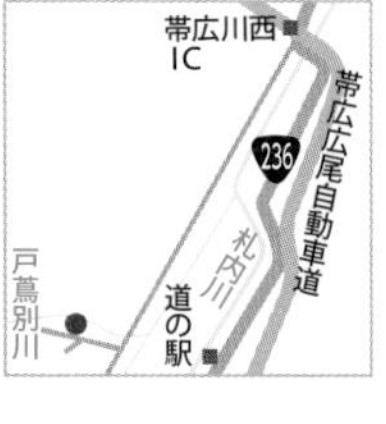

帯広市拓成町第2基線2-7
通年営業（毎週水曜日定休※ただし7 ～ 8月・祝日・繁忙期は営業）

札内川園地キャンプ場（中札内村）

中札内村南札内713
4月下旬～ 11月上旬

士幌高原ヌプカの里キャンプ場(士幌町)

士幌町字上音更21番地173
4月中旬～ 11月30日(火曜日休み※祝日・GW・7月第3週から8月を除く※コテージは定休日の利用も可)

ニセコサヒナキャンプ場(蘭越町)

蘭越町湯里224-19
通年(冬期は留守の場合もあるので予約が必要)

AKAIGAWA TOMO PLAYPARK(赤井川村)

赤井川村字明治56
4月下旬～ 11月上旬

尾岱沼ふれあいキャンプ場(別海町)

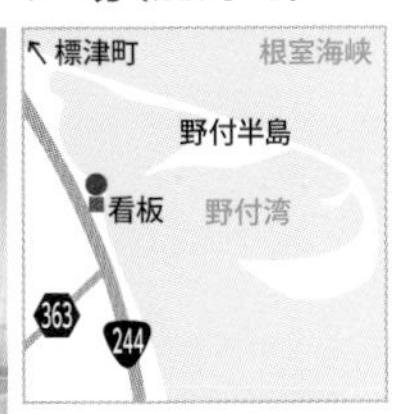

別海町尾岱沼岬町66
4月20日～ 10月31日

アサヒの丘キャンプ場(東川町)

東川町東9号北3
通年(施設整備のためクローズ期間あり、冬季は10月～ 4月末)

星に手のとどく丘キャンプ場(中富良野町)

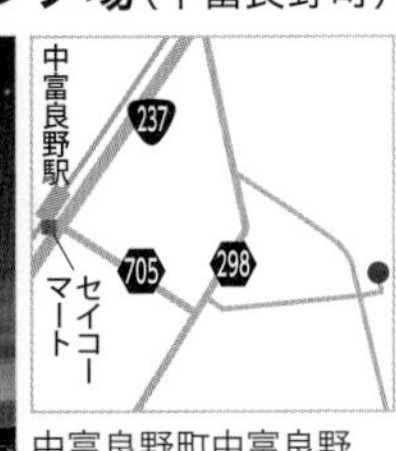

中富良野町中富良野
ベベルイ
4月29日～ 10月8日

サウスヒルズ(北見市)

北見市若松116
通年(雪解け時期に休業の可能性あり)

朱鞠内湖畔キャンプ場(幌加内町)

幌加内町朱鞠内湖畔
5月上旬～ 10月下旬(ログキャビンは通年、年末年始は休み)

第1章
絶対行きたい！すごいキャンプ場

キャンプの楽しみ方は人それぞれ。キャンプ場に何を求めるかも目的によって異なります。そこで、年間300件近くのキャンプ場を取材する花岡俊吾さんと、北海道のキャンプ情報を発信するウェブサイト「Possibility.Labo（ポジラボ）」を運営する川手有沙さん、軽キャンピングカー「テントむし」で車中泊旅をする動画が人気のまるななさんに普通のキャンプ場では満足できないキャンパーにお薦めのすごいキャンプ場を教えてもらいました。

登別つどいの館｜登別市　写真提供：道トラ カズト

Hokkaido good location camp

大海原への眺望

望洋台キャンプ場｜小平町

海に囲まれる、北海道

北海道は大きい島である。島であるということは、まわりを海に囲まれている。大きく言えば、日本海とオホーツク海と太平洋だ。実際には、これらに加えて、内浦湾（噴火湾）であったり、津軽海峡であったり根室海峡であったりと、細かな名称の海に面している。こうした特性ゆえ、道内のキャンプ場ではいろいろな海を眺められる高台に位置する施設が多数存在している。

代表的なキャンプ場の一つは日本海側、小平町にある**望洋台キャンプ場①**だ。ここからは大海原を眺められ爽快なキャンプが楽しめる。天気がよければ天売島・焼尻島などが見える。日本海側の施設は、主に西に面しているため、夕刻、太陽が海側に沈んでいく。美しい夕日が見られることから人気がある。場内はオートサイト・フリーサイト・バンガローが利用できる。できれば海側のポジションを狙いたい。ただ1点。ここはカラスが多いのでやや興ざめする時があるかもしれない。開設期間が比較的短いことにもご注意を。

コテージ利用ならば、神恵内村の**神恵内青少年旅行村②**がいい。別荘タイプのコテージ9棟が海側のきわに建っている。ここからは、寿都方面の弁慶岬や島牧方面の茂津多岬などが望める。夕日の時間帯は心が奪われる。はるか遠くの海に沈んでいくさまは、きっと胸に焼きつくであろう。

道南方面に行く場合は、八雲町の**オートリゾート八雲③**だろう。道の駅のような感覚で人が集まり休憩ポイントとして人気が高い「噴火湾パノラマパーク」の一角にあたる施設である。遠く対岸には、室蘭方面の噴火湾（内浦湾）が見える。オートサイト・フリーサイト・ロッジが選べる。トイレ、炊事場ともに快適仕様だ。

最後にとっておきの場所も紹介しよう。道南は江差町にある**かもめ島キャンプ場④**だ。かつては「弁天島」と呼ばれ、今は防波堤で本土とつながっている。周囲は約2.6キロ。海抜20メートルほどの島。きれいに手入れされた芝生地にテントが張れる。荷物運びにはかなり大変な思いをするが、晴れた日には、その苦労をも超えた青い空と青い海だけの爽快なロケーションのもと、キャンプができる。

Hokkaido good location camp

波打ち際の癒し

波濤がいつまでもリフレインする

「ザブーン」「ザブン」。時には「ドドーン」という重低音。いつまでも繰り返される波の音が聞こえる。海水浴場以外では、波打ち際にテントが張れるキャンプ場は意外にも少ない。打ち寄せる波濤をBGMに、心地良い海の時間をきままに過ごす。

内浦湾(噴火湾)に面した豊浦町の**大岸シーサイドキャンプ場①**がある。海を目の前にして波の音をただひたすらに聞く。心を無にしたい時、ただ海を眺めていたい時には、ここに来ればいい。プライベートビーチのような浜辺に面して、車を乗り入れてのオートキャンプができる。場所は道央自動車道豊浦ICから車で6分ほど。付近は内浦湾沿いにしては珍しい岩礁地帯になっている。炊事場などの設備は最小限だが、補ってあまりあるロケーションを目の前に、文句などはばかれよう。夕暮れ時は空を真っ赤に染める。サンセットショーはやがてブルーに変わり、星が輝く。

津軽海峡に面して遠くは恵山を眺めることができるのは、函館市の**恵山海浜公園②**だ。サイト自体はシンプルそのもの。海に向かって平坦な芝生地があるのみだ。樹木は1本もなく、開放感いっぱいのキャンプ地になっている。利用者は皆それぞれが津軽海峡に向かってテントを張る。隣には道の駅「なとわ・えさん」がある。トイレとシャワーが使える。国道を渡ればコンビニも営業している。遠くに見えるのは下北半島である。遠く本州に思いを馳せながらの野営ができる。

太平洋に向かって、秘境とも言えなくもない場所にあるのは、豊頃町の**長節湖キャンプ場③**だ。茫洋とした太平洋を望むサイトである。場所は十勝川が太平洋に注ぐ場所。その

長節湖キャンプ場｜豊頃町

大岸シーサイドキャンプ場｜豊浦町

恵山海浜公園｜函館市

河口部から少し離れたところに汽水湖である長節湖があり、キャンプ場がある。サイトはこの湖と海との間。夏は爽快な太平洋を望みながらのキャンプができる。場内にはバンガローも建っているものの、設備は最小限だ。キャンプサイトの先にはもう道はないという行き止まりになっている。その上、波消しブロックに当たる太平洋の波の音がいつまでもリフレインする。十勝は田畑の印象が強いが、こんな秘境感いっぱいの場所もあり、ワイルドな野営が楽しめる。

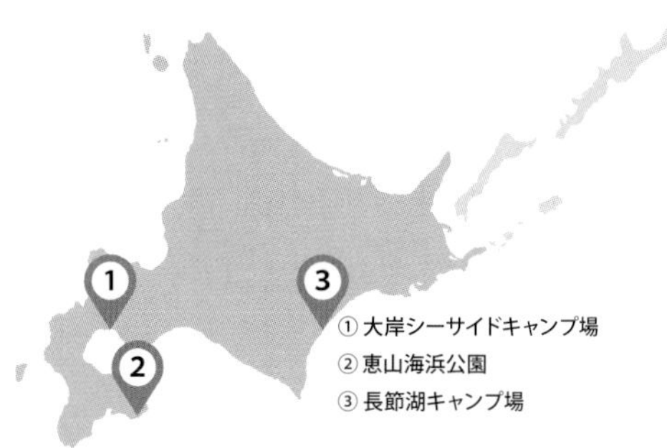

Hokkaido good location camp

山岳への畏敬

雨竜沼湿原|雨竜町

見たことがない風景を求めて山頂を目指す

北海道の最高峰・大雪山の旭岳の麓にある静かな林間サイトは**旭岳青少年野営場①**。原生林に囲まれたキャンプサイトで、紅葉のシーズンには淡い黄色と赤のコントラストが非常に美しいキャンプ場だ。区画が6カ所に分かれているので、運が良ければプライベート感を保ったキャンプができる。キャンプ場から徒歩10分の大雪山旭岳ロープウェイに乗り、5合目からスタート。大雪山というとハードルが高く感じるが、一周30分の初心者コースから本格的な登山コースまでバリエーションに富んでいるので、自身のスキルに合わせたコースを選択できる。アイヌ語で「カムイミンタラ」。神々の遊ぶ庭と表現される大雪山の雄大な山並み、ダイナミックな噴気孔、神秘的な姿見の池、可憐な高山植物は、広い北海道の中でも唯一無二の絶景が広がる。トレッキングの後は、旭岳温泉で疲れを癒し、絶景の余韻に浸りながらのキャンプは格別。標高が約1000メートルと高いため、平地が猛暑でも涼しく快適だ。秋だけでなく夏にもおすすめ。

登山・キャンプ・温泉が一度に楽しめるのは、**ニセコ野営場②**だ。札幌から車で2時間程、山間に挟まれたキャンプ場である。ニセコアンヌプリ登山口は目の前、イワオヌプリの登山口は徒歩5分の場所にある。ここから山頂までは約2時間。登山コースは比較的初心者向きで、山頂からは雄大な羊蹄山と色とりどりの田畑が眼下に広がる。野営場は、管理棟・炊事場・トイレのみと最低限であるものの管理が行き届いている。道路を挟んだ向かいにはニセコ五色温泉旅館があるので、朝は登山で体を動かし、下山後は野営場でバーベキューを満喫、夜は温泉で疲れを癒すといった、心にも体にも贅沢なキャンプが楽しめる。遅い雪解けが終わった春には山菜取り、夏は標高が高く涼しいため避暑に最適、秋には鮮やかな紅葉も見応えがあり3シーズンさまざまな楽しみ方がある。ここを拠点にキャンプをしながらニセコ連峰の登山にチャレンジするのもいいだろう。

雨竜町の市街地から車で15分の暑寒別ダムから未舗装道路に入り込む。途中、舗装された2車線の道路で快適と思えば、再び未舗装道路が出現する。「本当にこんな所にキャ

旭岳｜東川町

ンプ場があるのか」と心配になってきた頃、急に開け、大きな駐車場が見えてきたら**雨竜沼湿原ゲートパークキャンプ場**③だ。雨竜沼湿原や南暑寒別岳へ向かう登山口にあるため、主に登山者が利用するキャンプ場で、キャンプだけを目的に訪れる人は少ない。炊事場とキャンプサイトのみのシンプルなキャンプ場である。北の尾瀬と呼ばれる雨竜沼湿原までは、ここからさらに2時間ほど登山をしないとたどり着けない湿原で、一周4キロの木道を四季の花々を観ながら散策すると、そこはまるで天国のような絶景が広がる天空の秘境である。キャンプ場開設期間は6月～ 10月まで。土砂崩れで通行止めもあるため、町のHPで確認しておきたい。

旭岳青少年野営場｜東川町

イワオヌプリ｜倶知安町

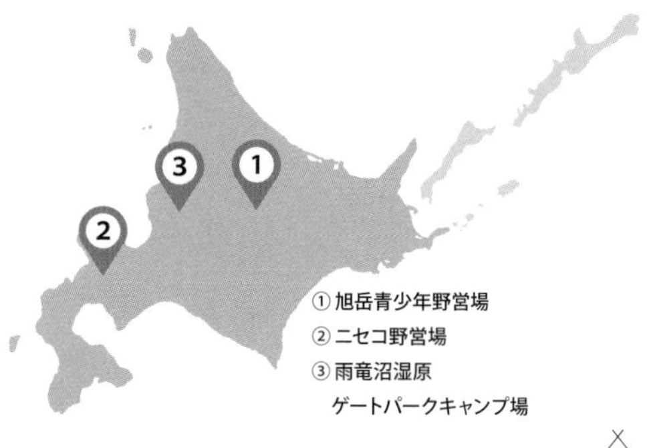

Hokkaido good location camp

秘境の趣き

アルトリ岬キャンプ場｜伊達市　写真提供：kei

旅情あふれる場所へ

秘境。何とも艶かしい響きである。本来的な意味としては「人がまだほとんど行ったことのない場所」のようだが、本当にそんな場所にはヒグマがいたりするから危なっかしくてキャンプなどはしていられない。われわれキャンパーとしては、安全でそれっぽい雰囲気を時々味わいたくて、遠くへ出かけるのだ。実は人里からそんなに遠く離れていないが、秘境感あふれる場所は道内にはたくさんあると思うが、テントが張れるスポットをいくつかピックアップしよう。

道央圏、札幌近郊で言えば、岩見沢市となる**幌向ダム公園多目的広場①**がその一つだ。知る人ぞ知る静寂を堪能できるキャンプ場だ。場所は岩見沢市街地から、かつて炭鉱で栄えたという毛陽方面へ。美流渡の市街地から細い道を上った先にある。ダム整備関連による立派なトイレと炊事棟が建っている。場内は平坦な芝生地。車の乗り入れ自由のフリーサイトになっている。森を背景に居心地のいい落ち着く場所を探そう。ダムが見えるエリアには木製のイステーブルもあり、車中泊組が利用する。ここは管理人もいない。熊出没注意の看板もある。念には念を入れ、万全の準備で訪問したい。

伊達市の**アルトリ岬キャンプ場②**は岬地帯の先端部に位置する。有珠の市街地が近いにもかかわらず、なにか秘境めいた雰囲気を感じる場所になっている。アルトリ岬ははるか昔、有珠山の噴火によって流れてきた溶岩によって形成された岬だ。目の前の噴火湾には岩礁地帯があり、潮風が香る。ソロテントであれば、そのすぐ近くに設営ができる。炊事場と、古いトイレがある周辺には車の乗り入れが可能。さすらいのライダーやソロキャンパーが多い印象だ。岬の頂上部分にあたる丘の上は設営禁止になっている。

枝幸町の**ウスタイベ千畳岩キャンプ場③**はオホーツク海をダイナミックに感じることができる場所。海にちょっとだけ突き出た岬状の部分は、タタミを積み重ねたかのような岩が見られる不思議な景勝地となっている。ここのキャンプ場もある意味、秘境っぽさがある。抜けるようなオホーツクブルーの中、ポツンとキャンプ場があるだけ。利用者がいなければちょっとさみしいかもしれないほどの秘境感がただよっている。サイトは車を自由に乗り入れできる。風が強ければ難儀するが、天気が良ければ自由で開放感いっぱいのキャンプができる。

アルトリ岬キャンプ場｜伊達市

幌向ダム公園多目的広場｜岩見沢市

ウスタイベ千畳岩キャンプ場｜枝幸町

Hokkaido good location camp

離島パラダイス

焼尻島の鷹の巣園地から天売島を望む［羽幌町］

① 久種湖畔キャンプ場
② 天売島キャンプ場
③ 焼尻島白浜野営場

ワンランク上をいく自然度で島時間を堪能

フェリーに乗船して離島へ。フェリーターミナルの独特の雰囲気にふれるだけでも、ワクワクするだろう。ましてや、キャンプ道具を積み込んだ愛車と一緒に上陸できるとは―。

国内最北の島・礼文島にある**久種湖畔キャンプ場①**は、実は、稚内のキャンプ場を抜いて国内最北に位置するキャンプ場である。礼文島の玄関口・フェリーターミナルがある香深の市街地から北へ約20キロ。住宅や商店などがある一角に整備された総合キャンプ場だ。電源付きのオートサイト・フリーサイト・コテージにバンガローが利用できる。花の浮島礼文島を満喫する滞在拠点には最適だ。

羽幌町からフェリーと高速船でアクセスする天売島・焼尻島は道内の有人島としては、人口は最小の島。それぞれ、270人、180人ほどが暮らしている。北海道本土とはひと味違った日本とは思えないほどの風景が広がる。天売島にある**天売島キャンプ場②**は、島で唯一のキャンプ場だ。フェリーターミナルから600メートルほど、ちょっとキツい坂を上った先にある。住宅が点在する市街地の一角、「海の宇宙館」という天売島海鳥情報センターの裏庭にあたる部分が開放されている。広さはテント10張り程度、トイレや炊事場は簡素なものだが、テントサイトからは焼尻島を眺めることができる。

焼尻島は天売島より北海道本土に近いほうの島だ。周囲12キロほどと、天売島とほぼ同じ大きさ。ただし、こちらの方はわりあい平坦な地形で、自転車で島1周ができる。こちらも島唯一のキャンプ場が南側の海岸沿いに整備されている。**焼尻島白浜野営場③**は白浜海岸に面した極上のサイト。波の音を聞きながら、ひたすら海と対峙できる。テントを張れる場所はいくつかに分かれていて、プライベート感も保たれる。炊事場は屋内型で、雨天時などはありがたい。キャンプ場のすぐ横は「焼尻めん羊牧場」があり、島育ちのサフォーク(羊)がのびのびと放牧されている。およそ北海道とは思えない、海外のような風景が見られる。

Hokkaido good location camp

野趣露天天国

国設然別峡野営場の鹿の湯｜鹿追町

野営の前後は野趣あふれる露天風呂につかる

キャンプと温泉は相性がいい。というか、温泉の有無が今宵の野営地を決める重要な要素だったりするだろう。清潔で多機能湯船がそろう公営の温浴施設。大型温泉ホテルのゴージャスな日帰り入浴。はたまた、ひなびた味わいを醸し出す秘湯の宿。さまざまなタイプの温泉とキャンプを組み合わせ自在なのが北海道キャンプの魅力。そのなかでも、野趣あふれるスゴい露天風呂がある。

十勝管内は鹿追町。人里離れた山あいに温泉宿がある。「然別峡かんの温泉」は北海道きっての秘湯として知られる。この秘湯のさらに奥地に**国設然別峡野営場①**がある。近くの然別湖にある北岸野営場とは名前が似ているが違う。ここにたどり着くまでのアクセス道路も大変なのだが、キャンパーのお目当ては、この野営場のさらに奥にある無料の露天風呂「鹿の湯」である。シイシカリベツ川という渓流のすぐ横に円形の湯船が作られている。周囲にはなにもなく、今はかろうじて洗面器がくくりつけられているだけというまさに秘湯の趣き。ここのキャンプ場利用者は渓流の音を聞きながら奥座敷として湯浴みが楽しめる。

道内広しと言えど、湖畔の砂地を掘ったらお湯が湧き出し、自分だけの「マイ露天風呂」を楽しめるというキャンプ場はほかにはないだろう。道東の屈斜路湖に面した**RECAMP砂湯②**である。林間部分のサイトも木陰をつくって快適だが、もう少し湖側に進んだ場所にテントを張りたい。波打ち際ではあちこちに穴が掘られて、マイ露天風呂を楽しんだ跡がある。ここではスコップ持参で訪問したい。

知床方面へ出かける際にぜひ利用したいのは、羅臼町の郊外にある「熊の湯」だ。町民の有志が清掃・管理しているまちの人のいこいの湯。男女別の脱衣場と露天の湯船があり、女性でも安心して入浴ができる。お湯は熱い。地元の人が利用する公共温泉ゆえに入浴のマナーは守ろう。無料ではあるものの、寄付金を差し入れて利用したい。この露天風呂から国道を挟んで歩いて行ける場所に**知床国立公園羅臼温泉野営場③**がある。ライダー・旅行者・登山客らを中心にキャンパーを受け入れている。ここは正式名称よりも「熊の湯キャンプ場」と言ったほうがわかる場合も多い。

RECAMP砂湯｜弟子屈町

熊の湯｜羅臼町

知床国立公園羅臼温泉野営場｜羅臼町

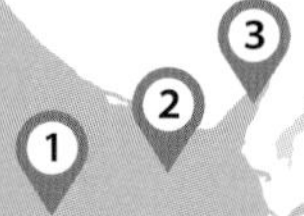

① 国設然別峡野営場
② RECAMP 砂湯
③ 知床国立公園羅臼温泉野営場

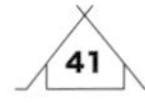

Hokkaido good location camp

愛犬の歓喜

北広島かえるキャンプ場｜北広島市

ペットにうれしい施設が続々登場

ペットは家族の一員。特に愛犬を連れたキャンパーは一般的な存在になっている。しかし、キャンパー全体の中で、ペット連れは1割ほどだという調査結果もある。キャンプ場の方も「ペットOK」と歓迎しているところもあれば、「NG」と明確に打ち出している施設もある。それぞれに理由や考え方があるのだろうから是非は問わないが、ルールとマナーを守ってお互い楽しく過ごしたいものだ。近年、新設のキャンプ場を中心にペットに配慮した、愛犬家にうれしい施設が登場している。そのいくつかを紹介しよう。

北広島市の郊外に2022年夏にオープンした**北広島かえるキャンプ場①**。「ドッグサイト」と名付けられた区画が全部で6つある。広さは10メートル×11メートル。高さ約1.5メートルの金属製のフェンスで囲まれている。開閉式のドアを閉めれば、そこは愛犬とフリーのプライベート空間になる。ここにテントとタープはもちろん、車も入れられるようになっている。場内中央にある真新しいセンターハウスは快適だ。お湯が使える炊事場と1日に3度清掃するというピカピカなトイレが印象的。もちろん温水洗浄便座がある。シャワールームやコインランドリーも備えている。

芽室町の**めむろ新嵐山スカイパーク②**は十勝平野らしい田畑のパッチワーク風景が見られる人気のスポット「新嵐山スカイパーク」の麓に整備されたキャンプ場だ。国民宿舎「新嵐山荘」を受付施設に、フリーサイトとグランピングサイト、焚き火ラウンジBBQテラスなどがある。「わんちゃんサイト」は6区画あり、1区画7メートル×10メートル、高さ90～120センチ（場所により異なる）フェンスに囲われたリードフリーの専用サイト。広いドッグランは犬の大きさ別に2カ所用意されている。

旭川市21世紀の森③は旭川市内から旭山動物園方面へ、さらにその奥へ約29キロ進んだ先にある。ものすごく広いエリアに3つのサイトが点在する。管理棟がある「ファミリーゾーン」にはドッグランの中にバンガローが立つ「ワンワンハウス」があり愛犬と自由に過ごせる。単独のドッグラン施設も整備される。少し離れた「ふれあい広場」サイトにはペット同伴が可能な簡易フェンスに囲まれた専用サイトも利用できる。この森はペーパンダム

めむろ新嵐山スカイパーク｜芽室町

湖を中心に場内1周約14キロ。ゆったりあちこちの散策を楽しみたい。

安平町の**ファミリーパーク追分キャンプ場**④は、元はパークゴルフ場。2022年シーズンからキャンプ場に全面転換し、管理棟側の一帯を「丘の上サイト」として開放している。フリーサイトやキャンピングトレーラーに宿泊できるほか、25メートル×25メートルという広々フェンスに囲まれたドッグランの中に車を乗り入れて、貸し切りの愛犬キャンプができる。犬と泊まれる三角屋根のバンガローがあるなど、ペットにやさしいユニークなキャンプ場のひとつだ。場内にはコインシャワールームが4室整備されている。夜間はキツネが出没するらしいので、ゴミと食材の管理は徹底しよう。

旭川市21世紀の森｜旭川市

ファミリーパーク追分
キャンプ場｜安平町

① 北広島かえるキャンプ場
② めむろ新嵐山スカイパーク
③ 旭川市 21 世紀の森
④ ファミリーパーク追分キャンプ場

Hokkaido good location camp

水辺の煌めき

四季や時間で変わる彩りは無限大

北海道には大小様々な湖があり、その湖畔によって雰囲気も異なる。季節の移ろいを湖面が映し出す「湖畔キャンプ場」は、多くのキャンパーが訪れる。国立公園内で特別保護地区になっている場所も多く、景色だけではなく、北海道ならではの野生動物にも出会えるかもしれない。筆者のお気に入りは、千歳市支笏湖畔にある**美笛キャンプ場①**。山と空に囲まれた湖に迎える朝日が絶景で、北海道でも屈指の人気を誇る。山の稜線がシルエットで浮かび出てくる夜明けの時間も美しい。天気が良ければ、日の出時刻よりも1時間前から空は色づいてくる。支笏湖は11年連続水質日本一にもなった透明度で、湖面に浮かぶカヌーからは、まるで宙に浮いているような感覚さえ味わえるという。清らかな湖に鏡のように映し出される風景は、北海道が誇る絶景だ。

洞爺湖畔にある面積約70平方キロメートルの**仲洞爺キャンプ場②**や約24平方キロメートルの**朱鞠内湖畔キャンプ場③**も人気が高いが、1平方キロメートル以下の小さな湖のほとりの景色にも魅力がある。その一つが、面積が約0.23平方キロメートルの「神秘の湖」とも呼ばれる足寄町の**オンネトー国設野営場④**。昔ながらのテント床や野外炉が点在する趣あるサイトでは、原始林に囲まれた秘境湖が満喫できる。植物保護のため、湖畔ぎわのテント設営はできないが、それでも大きな森と水面が織りなす幻想的な景色は、見る価値が高い。湖は季節や天候、見る角度によって色を変える。登山や観光客

美笛キャンプ場｜千歳市

厚真町大沼野営場｜厚真町

岩尾内湖白樺キャンプ場｜士別市

も多く訪れる観光スポットとなっているが、キャンプで宿泊するからこそ味わい尽くせる魅力があるのだ。

対して、厚真町の**大沼野営場⑤**は、湖面との距離の近さが魅力。湖畔ぎわがベストポジションで、風が弱まれば水面が鏡のようになり、景色とテントを映し出す。対岸からもテントが見えるのは大沼野営場ならではの風景。睡蓮が湖面を彩り、木々が色づく紅葉の時期はもちろん、どの季節にも訪れたい場所だ。

ダム湖のほとりにある士別市の**岩尾内湖白樺キャンプ場⑥**は、車の乗り入れもできるフリーのサイトが、なんと無料で楽しめる。山に囲まれた岩尾内湖が見えるサイトは、緑の芝と白樺の森の木漏れ日が心地よい。無料なのに、管理棟には受付、コインランドリー、シャワー室まである。北海道のポテンシャルの高さを感じずにはいられないだろう。

① 美笛キャンプ場
② 仲洞爺キャンプ場
③ 朱鞠内湖畔キャンプ場
④ オンネトー国設野営場
⑤ 厚真町大沼野営場
⑥ 岩尾内湖白樺キャンプ場

Hokkaido good location camp

高台パノラマ展望

パノラマビューをキャンプサイトで満喫

観光で景色を楽しむために展望台へ行く人も多いだろう。しかし、わざわざ展望台へ行かなくても、キャンプサイトがすでに展望台というような場所が、道内各地にある。

展望台サイトで真っ先に思い浮かぶのは、函館の裏夜景が見られる木地挽山の中腹にある北斗市の**きじひき高原キャンプ場①**。眺望が良いフリーサイトは、駐車場から傾斜を登った先にある。ギアが多いキャンパーにとっては過酷な坂道だが、荷物を運んだ先には絶景ロケーションが広がる。北海道新幹線の新函館北斗駅が近く、走行音を聞きながら、函館山と津軽海峡、函館の街まで一望できる。夜には、函館の裏夜景と満天の星空。それだけではない。方角を変えると大沼国定公園の駒ケ岳と大沼。さらに早朝には、条件が合えば雲海も見られるかもしれない。これほど見応えがある場所は、そうはない。

道東なら、標茶町にある**多和平キャンプ場②**へ行ってほしい。ここは全方向のパノラマ景色が堪能できる。ゆるやかな坂道を上った先には展望台があり、ここから文字通り360度のパノラマビュー。その風景はまさに「ザ・ホッカイドー」だ。周囲は標茶町育成牧場に囲まれていて、夏季には3千頭ほどの牛が放牧されている。キャンプサイトは展望台の周辺。どこにでもご自由に、といった趣がまた良い。芝生の地面はやや傾斜しているので、できるだけ平らな部分を探したい。敷地内にはレストハウス「グリーンヒル多和」があり、標茶の特産品とも出会えるのも嬉しい。中標津町の**ウシ空のキャンプ場③**も見応え充分。多和平キャンプ場と合わせて立ち寄っておきたい。ロケーションの良さが際立つのに、格安で利用でき、旅人の利用も多い。これぞ北海道という風景は、訪れた人を虜にする。

オートサイトが条件なら、全区画120平方メートル以上の剣淵町にある**けんぶち絵本の里家族旅行村④**がおすすめ。桜岡湖を正面にした傾斜に、電源や流し台付きのオートサ

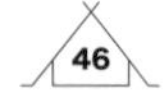

北斗市きじひき高原キャンプ場｜北斗市

イトとフリーサイトが配列され、家族旅行村という名の通りファミリー向けの設備も整った場所でもある。ここはオートサイト最上段のFサイトからの景色がイチオシだ。最上段に2つだけあるサイトは、1区画350平方メートルもあり、まるで展望台にテントを設営したような気分が味わえる。日帰り入浴もできる剣淵温泉「レークサイド桜岡」が併設しているからなお快適だ。

高台サイトの宿命は「強風」。眺望こそ良いが、天候によっては、風が強くてテント倒壊の心配がつきまとうので注意が必要だが、苦労して得られた眺望は、生涯で忘れられない景色になるだろう。

多和平キャンプ場｜標茶町

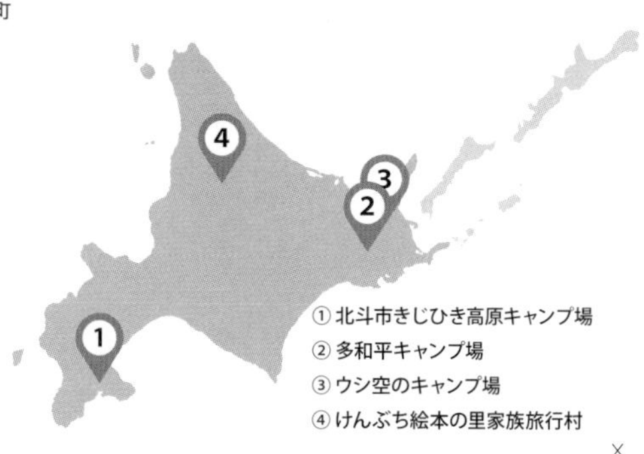

極寒が創り出す幻想的な世界

およそ半年もの間、深い雪に覆われる北海道。北海道は11月から3月頃まで全道各地で雪中キャンプが楽しめる。大地を白く包んだ銀世界、他の季節には味わえない景色との出会いにワクワクする。道外でも雪中キャンプはできるが、北海道の自慢は、冷えた日のパウダースノーと、どこまでも続く広大な景色だ。

筆者のイチオシは、ラベンダーで有名な上富良野町にある**フラワーランドかみふらの①**。ここはキャンプ場ではないが、冬季限定で開設される花畑の上の絶景サイトだ。夏季は10万平方メートルの広大な花畑が楽しめるという観光スポットで、この花畑が冬には一面の雪原になり、冬季限定のキャンプサイトが誕生する。正面に見えるのは、十勝岳連峰の雄大な風景。山に映る日の出や夕焼けと、雪原の上の星空も格別だ。さらに、高台にあるため上富良野町市街が見下ろせ、夜景も見える。ただし、冬の間は雪が降る日が多く、山頂まですっきりと晴れる日は少ない。条件がそろったときにしか見ることのできない絶景だからこそ、出会えたときの感動もひとしおだ。

寒さがつくる景色も幻想的。冷え込みが厳しい日は、朝霧が立ち込め、空気中の水分が凍り付いてダイヤモンドダストが見られるかもしれない。千歳市にある**フォーエバーキャンピングパラダイス②**は、高い建物で視界を遮られることがない開けた約10万平方メートルもの広い草原にある。訪問した日には、前日までの景色から一変、一晩の降雪で真っ白に染まり、幻想的な世界になった。見えるもの全てに粉雪がかかったような雪景色は、絵画のように美しい。新千歳空港が近いため飛行機の高度も低く、夕陽に染まる空を横切る飛行機を眺めている時間も、このサイトならではの楽しみ方だ。苫小牧市の**オートリゾート苫小牧アルテン③**、新得町の**くったり温泉レイクインキャンプ場④**は温泉も併設。年越しで過ごすこともできるキャンプ場だ。冬は雪景色が白いスクリーンになり、朝日や夕日、星空がさらに美しく、非日常が味わえる最高の舞台。北海道の寒さ、広大な雪景色を存分にキャンプサイトで味わってみよう。

雪中キャンプ入門編はP90に掲載しているので参考にしてほしい。

フラワーランドかみふらの｜上富良野町

Hokkaido good location camp

冬への憧憬

① フラワーランドかみふらの
② フォーエバーキャンピングパラダイス
③ オートリゾート苫小牧アルテン
④ くったり温泉レイクインキャンプ場

ページ	キャンプ場	住所	開設期間
31	望洋台キャンプ場(小平町)	小平町字花岡	6月下旬～8月下旬
31	神恵内青少年旅行村(神恵内村)	神恵内村ブエダウス	5月1日～9月中旬
31	オートリゾート八雲(八雲町)	八雲町浜松368-1	4月初旬～11月下旬
31	かもめ島キャンプ場(江差町)	江差町鴎島	4月下旬～10月末
32	大岸シーサイドキャンプ場(豊浦町)	豊浦町字大岸184	4月下旬～10月末頃
32	恵山海浜公園(函館市)	函館市日ノ浜町31-2	4月28日～9月30日
32	長節湖キャンプ場(豊頃町)	豊頃町長節	7月上旬～8月下旬
34	旭岳青少年野営場(東川町)	東川町旭岳温泉	6月10日～9月30日(固定)
34	ニセコ野営場(ニセコ町)	ニセコ町ニセコ510-1	6月上旬～10月下旬
35	雨竜沼湿原ゲートパークキャンプ場(雨竜町)	雨竜町338-2	6月中旬～10月中旬(要確認)
37	幌向ダム公園多目的広場(岩見沢市)	岩見沢市毛陽町36	4月29日～11月3日
37	アルトリ岬キャンプ場(伊達市)	伊達市南有珠町107番地	4月下旬～10月末
37	ウスタイベ千畳岩キャンプ場(枝幸町)	枝幸町岬町	6月1日～8月31日
39	久種湖畔キャンプ場(礼文町)	礼文町船泊村大備	5月1日～9月30日
39	天売島キャンプ場(羽幌町)	羽幌町大字天売字弁天40-1	5月1日～9月30日
39	焼尻島白浜野営場(羽幌町)	羽幌町大字焼尻字白浜	5月上旬～9月下旬
41	国設然別峡野営場(鹿追町)	鹿追町然別峡	7月1日～9月30日
41	RECAMP砂湯(弟子屈町)	弟子屈町屈斜路砂湯	3月中旬～11月下旬
41	知床国立公園羅臼温泉野営場(羅臼町)	羅臼町湯ノ沢町	6月中旬～9月下旬
42	北広島かえるキャンプ場(北広島市)	北広島市三島62-1	1月上旬～3月中旬、 4月中旬～12月下旬
42	めむろ新嵐山スカイパーク(芽室町)	芽室町中美生2線42	通年
42	旭川市21世紀の森(ファミリーゾーン)(旭川市)	旭川市東旭川町瑞穂937番地	5月1日～11月30日
43	ファミリーパーク追分キャンプ場(安平町)	安平町追分旭648	通年
44	美笛キャンプ場(千歳市)	千歳市美笛	5月上旬～10月下旬
44	仲洞爺キャンプ場(壮瞥町)	壮瞥町字仲洞爺30-11	4月下旬～10月中旬
44	朱鞠内湖畔キャンプ場(幌加内町)	幌加内町朱鞠内湖畔	5月上旬～10月下旬(ログキャ ビンは通年、年末年始は休み)
44	オンネトー国設野営場(足寄町)	足寄町茂足寄国有林内	6月1日～10月31日
45	厚真町大沼野営場(厚真町)	厚真町字鯉沼	4月下旬～10月末日
45	岩尾内湖白樺キャンプ場(士別市)	士別市朝日町岩尾内	5月1日～9月30日
46	北斗市きじひき高原キャンプ場(北斗市)	北斗市村山174	4月中旬～10月末 (気候によって変動あり)
46	多和平キャンプ場(標茶町)	標茶町上多和	5月1日～10月31日
46	ウシ空のキャンプ場(中標津町)	中標津町俣落2256-17	通年
46	けんぶち絵本の里家族旅行村(剣淵町)	剣淵町東町5173	5月上旬～10月末
48	フラワーランドかみふらの(上富良野町)	上富良野町西5線北27号	冬季限定(開設期間は要公式HP確認)
48	フォーエバーキャンピングパラダイス(千歳市)	千歳市駒里2320-2	通年
48	オートリゾート苫小牧アルテン(苫小牧市)	苫小牧市樽前421-4	通年
48	くったり温泉レイクインキャンプ場(新得町)	新得町字屈足808	通年

神恵内青少年旅行村（神恵内村）

オートリゾート八雲（八雲町）

かもめ島キャンプ場（江差町）

仲洞爺キャンプ場（壮瞥町）

朱鞠内湖畔キャンプ場（幌加内町）

ウシ空のキャンプ場（中標津町）

けんぶち絵本の里家族旅行村（剣淵町）

フォーエバーキャンピングパラダイス（千歳市）

オートリゾート苫小牧アルテン（苫小牧市）

くったり温泉レイクインキャンプ場（新得町）

第2章
大解剖！達人のキャンプスタイル

年間133万人に読まれるWEBサイトを運営する川手有沙さんが、SNSでキャンプの魅力を発信する人気インフルエンサーに、キャンプを楽しむコツ、愛用品、お気に入りのキャンプ場などをインタビューしました。北海道キャンプの楽しみ方のヒントが詰まっているのでぜひ参考にしてみましょう。なお、最後に本書を執筆している6人の達人も登場します。

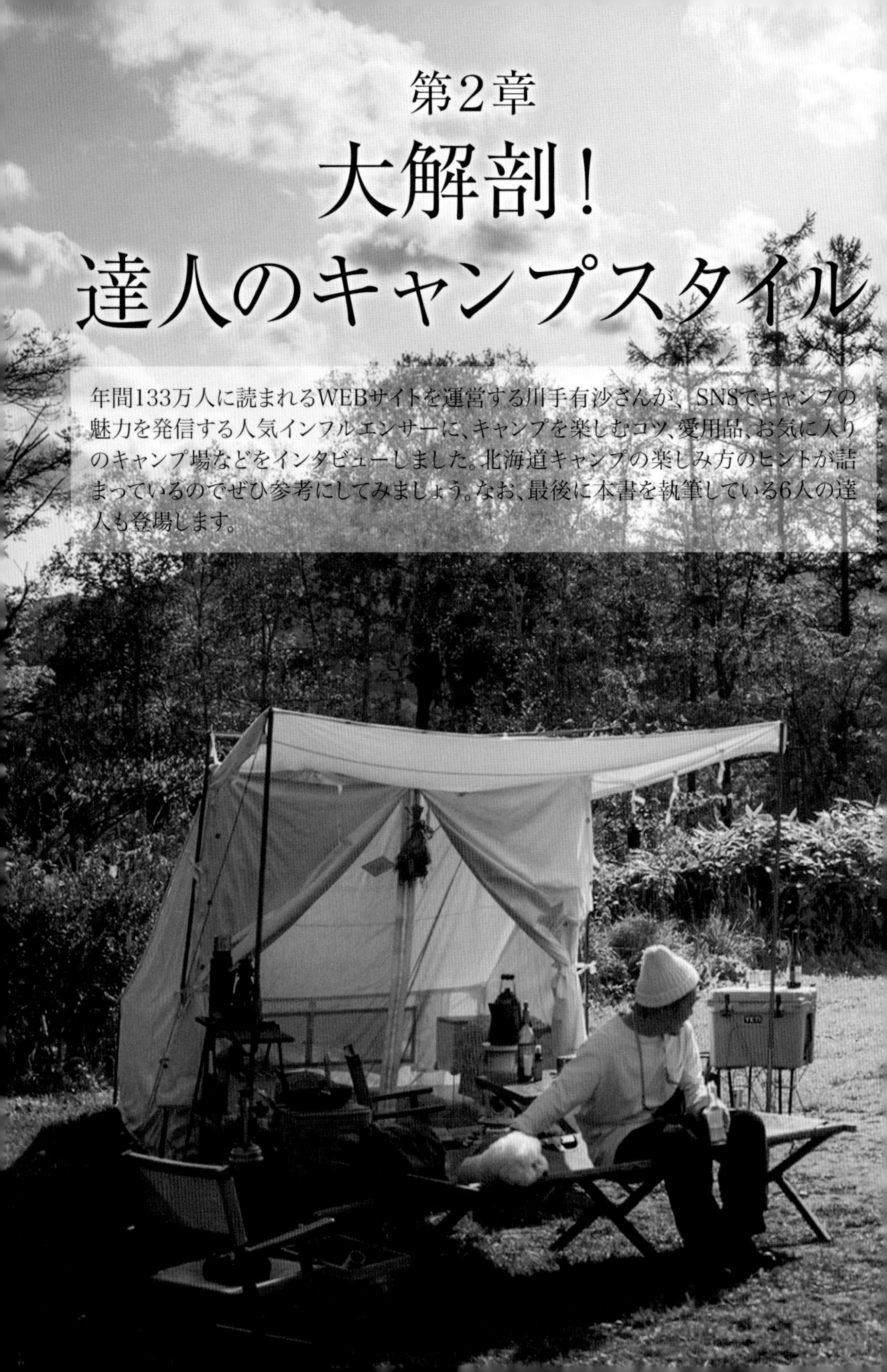

洞爺湖畔に新たなキャンプ場をプロデュース

道トラ　カズトさん

@kazuto_dotra

お気に入りのキャンプ場

- 登別市　つどいの館キャンプ場
- 伊達市　アルトリ岬キャンプ場
- 岩見沢市　幌向川ダム公園多目的広場
- 幌加内町　朱鞠内湖畔キャンプ場
- 標津町　しべつ「海の公園」オートキャンプ場

2023年にオープン予定の「北海道洞爺湖キャンプ場」

キャンプは五感を使って本能で楽しむ

幼少期から家族5人で毎週のようにファミリーキャンプをしていたカズトさん。キャンプ好きは父譲り。大学在学中に、友人と全国の美味しい食べ物と日本酒を求めて旅に出た。日本縦断の旅は、何度も経験している。車には常にキャンプ道具と調味料が積んであり、食材は現地の旬や名物を探して調達する。サロマ産の牡蠣が食べたくてオホーツクへ向かいキャンプすることもあるという。

ジャガイモは皮をむいたものは食べないというこだわりっぷり。焼いたステーキ肉をサクラのまきの上に乗せて香りを感じながら食べるのも好きだそう。YouTubeのキャンプ飯シーンには、おすすめの海の幸や日本酒が登場し、必見だ。

北海道の魅力を全道、全国、世界へ発信していきたい

「全国を知っているからこそ北海道の良さがわかる。

北海道は四季が美しく、アクティビティも豊富に体験できる特別な環境だ」と熱く語る。洞爺湖の中島が一望できるロケーションで、アウトドアサウナ体験もできるキャンプ場をプロデュース中。キャンプを軸に北海道のさらなる活性化に力を注ぎたいという。カズトさんがどんなキャンプ場を展開するのかも、ぜひ注目してほしい。北海道の楽しみ方を提案している若き実業家だ。

使用しているまきストーブは、G-Stoveの「Heat View」。複雑な装飾やパーツ、ガラスはなく、堅牢性と安全性に優れている。テント内での焚き火感覚はもちろん、調理ができるのも、まきストーブの魅力だ。

道トラ カズト

YouTube　オンラインストア

道トラ
【カズトのキャンプ旅】

Camp Profile

身軽にザック一つで、全国どこでも、どの季節でもキャンプができる、ワイルドキャンプスタイル。「道トラ」は、北海道と旅人を意味するトラベラーから名付けられた。YouTubeでは、暴風雪に見舞われたキャンプの様子もリアルに届ける。「YouTube Nextup 2021」も受賞した。いろいろな視点からキャンプを学んでみたいという好奇心から、商品開発にも挑戦。2022年にオリジナルブランド「OKIBI」を立ち上げた。FMノースウェーブ「Ezotopia」にも出演。2023年洞爺湖町にオープンするキャンプ場のプロデュースもしている。

普段の生活ではできないことを与えられた環境と限られた道具を駆使しながら、考えてクリエイトしていくのがカズト流のキャンプの楽しみ方。ギアは、ブランドにはこだわらない。ロマンで選び、安全性などの機能性も重視している。

愛用はレッドクリフのティピーテント。長さが微調整できるポールとテントスカートにより、オールシーズン使える。耐水圧にも優れ、雨や雪の日でもガシガシ使える心強い相棒なのだ。

ギアへの愛が詰まった投稿で人々を魅了

1496_takさん

@1496_tak

お気に入りのキャンプ場

・清水町　隠れ家的オートキャンプ場遊び小屋コニファー
・鹿追町　国設然別峡野営場
・南富良野町　かなやま湖畔キャンプ場
・足寄町　オンネトー国設野営場
・豊頃町　長節湖キャンプ場

キャンプをもっと楽しみたいという理由で転職

キャンプ歴は幼児期からと話す1496_takさん。キャンプ好きの両親と一緒に長期の旅に出かけていた。行き先は、利尻島や奥尻島、知床など、北海道でも難易度の高いキャンプ場が多かった。幼いころのそんな経験があったから、自らキャンプをするようになったのも、ごく自然な流れだったそう。社会人になり、キャンプを始めた当初は両親の道具を使っていたが、ほしいギアをもっと自由に買えるようになりたいと一念発起し、資格をとって転職まで成し遂げてしまった。お気に入りは、地元十勝の「遊び小屋コニファー」。休みがあれば、月に何度でも利用している。結婚とお子さんの誕生により、最近はソロからファミリーキャンプへスタイルも変化しつつあるが、友人と野営も楽しんでいる。

ギアの魅力を飾りすぎずリアルに表現

マイホームには土間を設け、ギアスペースにした。ギアのメンテナンスやキャンプ飯の試作を自宅で撮影することもあり、家にいながらもキャンプを楽しんでいる。1496_takさんが撮影する写真は、良い意味で愛用者のリアルな生活感があふれている。ごちゃついてしまいそうなところだが、色合いや素材にこだわってギアを選んでいるので統一感がある。ギアが魅力的に表現されるよう、配置には時間をかけて作り込んでいる。キャンプ沼へ誘い込まれるような写真の数々を、ぜひInstagramでチェックしてほしい。

初めて自分のギアとして購入したのはハスクバーナの斧。パラコードでネックガードを作り、持ち手にはラバーグリップを巻いている。オリジナルカスタマイズでさらに愛着もアップ。

好きなブランドはsnowpeak。使い込むほど味わいが増し、ギアの深いカッコよさが生まれるという。チタンマグは結露しないという機能性と見た目に惚れ込み、今では5個も所有している。

1496_tak

Instagram

@1496_tak

Camp Profile

十勝の美しい風景をバックに、テントサイトや愛用ギアを撮影。Instagramの投稿からはメンテナンスしながら、ギア一つひとつを大事に愛用していることが伝わってくる。投稿した写真がきっかけで、タープブランド「Telo」の公式アンバサダーも務めることになった。商品を紹介してほしいという依頼も後をたたない。1.4万人を超えるフォロワーをもつ1496_takさんの投稿は、多くのキャンパーの物欲をかき立てるのだ。2021年に発行された書籍「気になる隣のソロキャンプ」(東京書店)でも、15人の1人として紹介された。

公式アンバサダーも務めるTeloの「crescent」。張るだけで、シワなく角が立つという立体裁断。寒冷地でも快適に使えるTC素材とデザインが気に入り、4つを使い分けている。

ひと際目を引くキャンプスタイル

Keiさん

@kei.mt.vibes

Kei

YouTube

Go outside KEImtVibes

オンラインストア

Camp Profile

バイクや登山、スノーボードなどの趣味を経て、キャンプがメインになったというKeiさん。ギアを紹介すると、その魅力に惹かれ購入するという人も多い。2022年に自身のブランド「Live with Nature Go outside」を立ち上げ、アパレルを中心に販売。イベントに参加すれば、Keiさんのブランドアイテムを身に着けた多くのファンが駆けつけるほどのカリスマ的存在だ。YouTubeやInstagramでは、通年でランクル70と北海道各地のキャンプ場でアクティブに楽しむ様子を発信。キャンプは友人とのグループも多いが、絶景を見せたいと妻を連れてデュオキャンプすることもある。

愛車ランクル70は ルーフトップテントをカスタマイズ

ランクル70は1996年製。見た目に惚れ込んで3年ほど前に購入した。ルーフには、アドベンチャーキングスのルーフトップテントを取り付けている。車が乗り入れできるキャンプサイトを選び、テントを広げてラダーを立てれば、どこでも手軽に宿泊できる。行ってみたいキャンプ場があれば、何時間でもかけて移動するフットワークの軽さは、ランクルとルーフトップテントがなせる技。広い空と海などの絶景をバックにレイアウトされたサイトは、憧れの北海道キャンプスタイルだ。

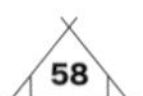

オリジナルブランド「Live with Nature Go outside」

オリジナルのロゴを入れたTシャツやパーカー、キャップ、ニット帽などのアパレルは、夏から冬用まで種類も豊富。テーブルのカスタムパーツもブランドと共同開発。ジェリーズアウトフィッタースやパスタイムファクトリーでの店舗販売もしている。北海道キャンプ界のインフルエンサー。

お気に入りのキャンプ場

- 幌加内町　朱鞠内湖畔キャンプ場
- 厚真町　大沼野営場
- 枝幸町　ウスタイベ千畳岩キャンプ場
- 北見市　サウスヒルズ
- 弟子屈町　和琴湖畔キャンプフィールド

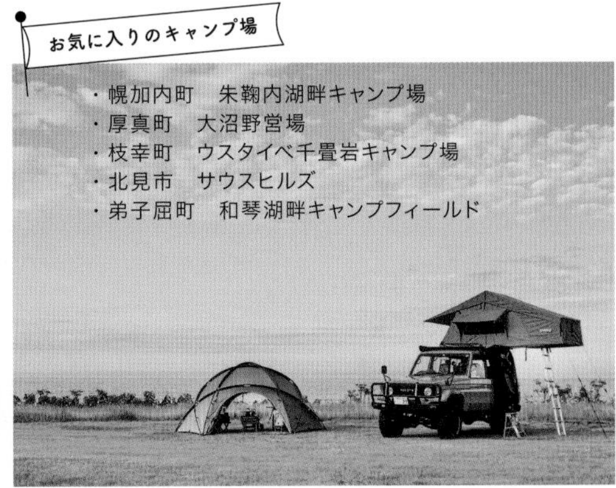

お気に入りの数カ所以外は、まだ行ったことがないキャンプ場へ行くことが多いそう。これまで訪れたキャンプ場は、80ケ所以上だ。写真は、ウスタイベ千畳岩キャンプ場。車の乗り入れができ、利用者も少なく、訪れた日は空と海の絶景だった。

左）ギアは新品よりもむしろビンテージ品。1950年代製の「フュアーハンド176stk」は、使い込んだ雰囲気に惹かれた。ビンテージアイテムは、オークションで探すこともあるそう。

右）ハンドメイドの木製マグ「jin cup」は、一つとして同じ風合いのものはないという。キャンプ場で生豆から焙煎するほどのコーヒー好き。こだわりのアイテムを使えば、さらにコーヒーも美味しくなるのだ。

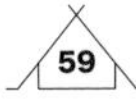

憧れのデュオキャンプスタイル

dorakuさん

@doraku011

お気に入りのキャンプ場

・赤井川村　AKAIGAWA TOMO PLAY PARK
・紋別市　コムケ国際キャンプ場
・札幌市　八剣山ワイナリー焚き火キャンプ場
・厚真町　厚真町大沼野営場
・初山別村　初山別村みさき台公園オートキャンプ場
・東川町　アサヒの丘キャンプ場

好きなものに囲まれて とことん北海道を楽しむ

キャンプスタイルのテーマは「クラシカル」「レトロ」。自然に溶け込む木製や自然素材のアイテムを中心に、家でも使いたくなるデザイン性のあるものを、アンティークショップで探す。自宅でも使っているインテリアをキャンプ場へ持ち込むこともある。キャンプ向けに販売されていないものでも、2人にかかれば個性あるギアになってしまうのだ。

年間約30泊。「北海道は季節ごとに変わる景色を楽しめるところが魅力。行く先々で出会った食材を使って料理を作り、絶景を眺めながらまったりとお酒を飲むのが楽しみ方」。

イベントや季節を キャンプ場で楽しむ

時間をかけて手の込んだ料理やおしゃれにレイアウトされたサイトを見ると「真似できない」と思ってしまう人もいるかもしれない。誕生日やハロウィン、クリスマスのイベントをキャンプ場で楽しむので、ついつい気合も入るという。映えを意識したのではなく、ナチュラルにイベントを楽しむ。2人の笑顔から、北海道やキャンプを愛してやまない様子が伝わってくる。そんな2人の様子を見て、こんなキャンプをしてみたいと始める人も多いはずだ。

冬は新保製作所のまきストーブを使っている。一台で暖房、料理、湯沸かしなど、冬キャンプには欠かせない存在。まきストーブを使うキャンプは、テントにこもってしまうほど居心地が良く、まきをくべる楽しさと圧倒的な暖かさがお気に入りだそう。

フュアーハンドランタンはiwatadenkiのグローブをつけて自分好みにカスタマイズ。ランタンは、サイトのアクセントにも欠かせないという。薄暮の時間にテントサイトを撮影するときには、灯りの配置をどうするかを考えてレイアウトしている。

愛用のブッシュクラフターズテントの真っ白いテントがお気に入り。アウトドアでは挑戦しにくい色だが、「自然の中に映える白がいい」と、天気が良い日を狙って使っているそう。テントにはカーテンも付け、花や植物も持ち込む。ドライフラワーのブーケを飾り、まるで家のインテリアを楽しむようだ。

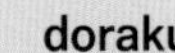

doraku

Instagram

@doraku011

Camp Profile

キャンプ歴は約6年。北海道の遊びを発信しようと2019年にInstagramアカウントを作った。CMなどの映像ディレクターの仕事をしている夫yuhiさんが撮影する写真は、さすがはプロ。背景や構図を考えてテントやギアをレイアウトする。料理やインテリア好きの妻shukoさんが、手の込んだ美味しそうな料理を作りおしゃれにテーブルコーディネートする。投稿されたInstagramの写真が多くの人の目にとまり、『poroco』『ひなたごはん』、『ベランピングスタイルブック』などの数多くの雑誌に掲載された。

人々を虜にする動画クリエーター

CAMP HOLICさん

@camp_holic20

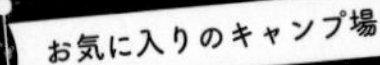

- 北見市　サウスヒルズ
- 赤平市　エルム高原家族旅行村
- 大空町　女満別湖畔公園野営場
- 南富良野町　かなやま湖畔キャンプ場

CAMP HOLIC

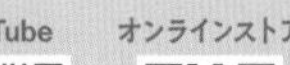

CAMP HOLIC

Camp Profile

北海道オホーツク地方在住のキャンプ系YouTuber。ホリックさんのYouTubeやSNSでは、注目や話題のアイテムを使用し、レビューする。キャンパーが気になるリアルな感想や、北海道キャンプの様子を毎週配信している。SF要素の強い独特なデザインを描き、素顔を出していないことから、一見近寄りがたいイメージをもつかもしれないが、笑顔がチャーミングで物腰も柔らかい。

Instagramのフォロワー数は2万人以上。フックの新たな使い方を提案したリール動画は、1000万回以上もの再生でバズり、話題になった。オリジナルブランド「SOMEDAY THE THIRTEENTH」を2022年に立ち上げた。

常にキャンプスタイルはアップデート

キャンプを始めたのは2016年。目指すサイト像は固定せず、その時々に気になったものを取り入れて試していくスタイルだ。まだ日本で販売実績がないという韓国や台湾で話題のギアを探し出し、直輸入。新しい情報を発信していきたいとの思いで、キャンプギアも常にアップデートする。自身がシルクスクリーンしたテントやコット、テーブルなどは、他に誰も持っていない一点物だ。「北海道キャンパーらしく、北海道ブランドを積極的に使っていきたい」という北海道愛にもあふれている。

カスタマイズで バージョンアップを提案

「SOMEDAY THE THIRTEENTH」のオンラインストアでは、オリジナルデザインTシャツやカスタマイズ用ワッペン、グラスなど30種類以上を販売。限定コラボデザインは数分で完売する人気で、入手が困難だ。その場で行うシルクスクリーンは、見ているだけでも楽しいが、自分のギアがバージョンアップするとさらに感動するだろう。キャンプギアの新しい楽しみ方が気になる方は、ぜひギアを持ち込んで試してほしい。

北見市街の見晴らしの良い丘にあるサウスヒルズからは、眼下に広がる綺麗な夜景が見える。ホリックさんが撮影した写真や動画を見て行きたくなった人も多く、全国的にも注目度が高い場所となった。

WHAT WE WANTのシェードとスタンドを使い始めてから、木工素材の柔らかい風合いの良さにとりつかれたという。複数のアイテムを愛用し発信していたことがきっかけとなり、蚊取り線香ホルダー「KATORI」の限定デザインを担当し、現在は公式アンバサダーも務める。

主に布製品に好きなデザインをプリントする"シルクスクリーン"。専用のインクでプリントし、高熱で乾燥させると硬化する。イベントでは、カスタムの要望を聞き、テントやチェア、Tシャツなどに、オリジナルデザインをプリントし、他の人とは違うギアへ変身させ、依頼者を喜ばせる。

キャンプ×YouTube

ヒヌマフウフさん

@hinumafuuuf

絶景好きキャンパーにおすすめのキャンプ場

・蘭越町　ニセコサヒナキャンプ場
・幌加内町　朱鞠内湖畔キャンプ場
・中富良野町　星に手のとどく丘キャンプ場

ヒヌマフウフ

夫婦でキャンプを趣味にすることの楽しさも動画を通して伝えられたらと思っています。私たちの動画を通して、キャンプの魅力や北海道の自然、食、夫婦の過ごし方をお届けします！

Camp Profile

キャンプ歴は約2年。二人の趣味は海外旅行だったが、コロナ禍をきっかけにキャンプを始めた。あまりに楽しくてすぐに夫婦でドハマリしたという。腰痛持ちという理由もあり、できるだけ軽量でコンパクト性に優れたものを選ぶように工夫。気になるアイテムは視聴者からの意見を聞きながら吟味。購入する道具への思い入れも強い。YouTubeでは、おすすめのキャンプ道具を特集して紹介しているので、初心者キャンパーは必見だ。

・2023年1月YouTubeチャンネル登録者9万人を突破
・札幌ファクトリー、室蘭フェス、赤平フェスなどのイベントトークショーに出演
・Natural Life Style sabi（札幌市）の1日店長

YouTube

「ヒヌマフウフ」

Instagram

@hinumafuuuf

夫婦キャンプの憧れの的 絶大なファンを誇る 北海道の人気YouTuber

札幌市在住の夫日沼健太朗さんと妻景音（けいと）さん夫婦が運営するYouTubeチャンネル「ヒヌマフウフ」。2020年夏から北海道やキャンプの魅力を発信し、開設から約2年でチャンネル登録者8万人を達成。1年前からは、週2回動画を定期配信している。字幕での視聴もでき、視聴者は北海道だけではなく、全国、海外にも広がっている。冬のキャンプもはじめ、年間35泊もするという。初心者キャンパーが失敗を教訓に成長していく姿が非常にリアルで、北海道の大寒波キャンプに挑戦する内容を発信した動画は、再生回数32万回を超える。

「北海道はとにかく広い。地域によって特産物や景色、出会える動物が大きく違うのが魅力」と景音さん。キャンプでは北海道限定ビール「サッポロクラシック」、雪の妖精と呼ばれる野鳥シマエナガのぬいぐるみ“シマ”と、北海道ご当地グルメのジンギスカンや海鮮が登場する。全て北海道の自慢。目指すは「北海道観光大使」ということがうなずけるほど、二人は北海道愛に溢れている。2022年は全道各地で行われたキャンプイベントに登場。トークショーには多数のファンが駆け付けた。

キャンプ×Instagram

三好さやかさん

@insta.sayaka

フォロワー約38万人 北海道の観光を発信する 札幌観光大使

国連公式アンバサダー、北海道観光応援隊、札幌観光大使の肩書きを持つ札幌在住のインスタグラマー。ライフスタイル、グルメを中心にInstagramで情報発信している。

フォロワーの数は、38万人以上。2016年、「料理・グルメ」「SNS」「ヘルスケア」の3つの領域で事業を展開する「合同会社Kプロジェクト」を立ち上げ、会社代表を務める。CMのテーブルコーディネートやレシピ考案なども手掛け、テレビ番組には、料理家として登場。栄養価を考慮した商品開発にも携わり、料理本も出版している。

3児の母でもある三好さやかさん。企業アカウントのコンサルティングなどの事業の傍ら、ドローンや大型特殊免許を取得。家族揃って各地の観光スポットへ行き、知床プライベートサファリツアー、グランピングステイやキャンピングカー旅をレポート。北海道の魅力や子連れファミリーに有益な情報を発信している。「大きいキャンピングカーで北海道を一周したい」というさやかさん。着物の美しい和装姿と、大型トラックを運転するアクティブな姿のギャップは、インパクトも大きい。話題のアウトドアスポットも発信する北海道の最強インフルエンサー。

三好さやか

北海道には自然があり、海の幸も豊富なのでキャンプなどのアウトドアでも楽しめます。今後も北海道各地の地域活性化に貢献できる活動を進めていきたいです!

Camp Profile

キャンプ歴は約8年。第1子誕生後、ファミリーキャンプを始めた。夏を中心に友人たちとのグループキャンプもする。テントやキャンプ道具も一通り揃えているが、家族5人になってからは荷物が増えてきたこともあり、いかに荷物を減らすかを考えることが多くなったという。キャンプ場で子どもたちとゆったり過ごせる時間を確保することも考え、コテージ泊やグランピングなども取り入れながらアウトドアを楽しんでいる。

- 国連公式アンバサダー、北海道観光応援隊、札幌観光大使
- 「insta.sayakaの毎日作りたくなる!糖質オフレシピ100」(かんき出版)出版
- ラジオ、テレビ多数出演

Instagram

@insta.sayaka

YouTube

Sayaka Miyoshi

ファミリーキャンパーにおすすめの北海道キャンプ場

- 北広島市　かえるキャンプ場
- 新ひだか町　三石海浜公園オートキャンプ場
- 苫小牧市　オートリゾート苫小牧アルテン

キャンプ×本格料理

おバカなマエダ夫婦さん

@maedafufu

ガチ料理キャンパーにおすすめのお湯が使えるキャンプ場

・洞爺湖町　洞爺月の光キャンプ場
・札幌市　八剣山ワイナリー焚き火キャンプ場
・札幌市　ワンダーランドサッポロ

おバカなマエダ夫婦

いつも動画を見て、笑っていただきありがとうございます！私たちはキャンプ場で作っても家で作っても美味しい、そんな料理を作っています！ぜひみなさんに真似していただけるとうれしいです！！

Camp Profile

2人揃ってのキャンプ歴は約3年。元々キャンプ好きだったSAORIさんの道具を使ってキャンプを始めた。キャンプにハマってしまったYASUさんは、高額ギアを次々に購入。ビンテージのランタンも2年で4個まで増えた。調理しやすいテーブルは自作。2022年にカヌーも購入し、夏は湖畔キャンプ場にも通う。始めて3年とは思えないこだわりのギアと豊富さ、料理のクオリティの高さにきっと驚くだろう。

・2022年10月、開設から約1年半でYouTubeチャンネル登録者1万人を突破
・WEBサイト「あさってキャンプ」コラムを担当
・オリジナルグッズ販売を2022年10月から販売開始

YouTube

おバカなマエダ夫婦

Instagram

@maedafufu

ラーメンは鶏ガラスープの仕込みから中華鍋を振りキャンプ場で本格料理

本格的な中華もイタリアンも和食も手際良く調理する夫YASUさんと、夫のボケに瞬時にツッコミを入れる妻SAORIさん。YouTube「おバカなマエダ夫婦」の動画は、まさに夫婦漫才のように進行していく。しかし、おバカなことを言っていても、2人の多彩な才能が動画から溢れ伝わってくる。

動画には個性豊かなキャラクターが登場する。キャンプ飯シーンでは再現できるよう調理方法やポイントも伝える。妻に内緒で購入したギアは、その良さを夫が熱弁。最後には妻も気に入ってしまうほどのトーク力で、テレビショッピングのようなシーン。思わずほしくなる視聴者もいるだろう。ハプニングがあれば、自虐ネタを交えた替え歌を作り、自らギターを弾きながら披露。見どころが多く、2人のキャンプは毎回何が展開されるのか目が離せないのだ。大人だけならず、子どものファンも多い。

小樽市在住のYouTubeクリエーター。「コロナ禍で社会全体が暗い中、自分たちの動画で1人でも多くの人がクスッと笑ってもらえるとうれしい」。そんな思いを語る2人の動画をぜひチェックしてみよう。

キャンプ×釣り

りさらいずさん

@risa_rise

夏は釣り、冬はキャンプの人気YouTuber

コロナ禍をきっかけに新しい趣味を探していたりさらいずさん。幼少期に父とした釣りが楽しかったことを思い出し、フライフィッシングを始める。自分の成長記として始めたYouTubeチャンネル「RISA RISE」は、わずか2年で登録者数11万人を超えた。釣りたい魚と場所を決めたら、宿泊できる場所探し。初めはホテルに泊まっていたが、車中泊やキャンプ泊をするようになった。24歳で購入した車の紹介動画は、100万回再生を超える反響。自らDIYして車中泊仕様にした。

「釣りはゲームやスポーツを楽しんでいるような感覚。この一投で釣ろうと常に集中している。疑似餌を作っている時間も最高に楽しい」と笑顔で話す。動画や企画のためではなく、ガチで釣りにハマっている。撮影専門のカメラマンが同行するのも、釣りやキャンプに集中したいという理由から。負けず嫌いという根性で技術を習得。毎回の釣果には驚かされる。釣りの腕前は本物だ。車中泊、登山、釣り、野営、雪中キャンプ、サウナと活動は幅広く、企画から編集までを自らが行う。Instagramのフォロワーは約3.1万人。北海道在住の好奇心旺盛でエネルギッシュな女性だ。

りさらいず

動画を通して釣りが、若い人にもおしゃれに楽しめるというイメージを持っていただけたらうれしいです。キャンプ動画では、キャンプだけではなく食材調達の様子や、冬キャンプの魅力を伝えていきたいので、ぜひ参考にしてください！

Camp Profile

キャンプ歴は約2年。夏は釣りをメインにした宿泊目的のキャンプだが、冬は訪れた土地のご当地食材を持ち込みキャンプイン。自らテントを設営し、料理を作ってテント泊を満喫する。お気に入りはニセコサヒナキャンプ場。冬キャンプは、積雪が少ない場所より除雪が必要なほど深い雪の景色がたまらないという。テント内には電飾も飾って可愛く雰囲気も楽しむ。キャンプ場ではビール、ウイスキーなどの晩酌も楽しむ。

・2023年2月YouTubeチャンネル登録者11万人を突破
・雑誌「OUTDOORあそびーくるVol.18」の表紙掲載
・AIR-G' FM北海道やFMノースウェーブなどのラジオ出演

YouTube

「RISARISE」

Instagram

@risa_rise

釣りスポットへのアクセスも良いおすすめのキャンプ場

・中札内村　札内川園地キャンプ場
・蘭越町　ニセコサヒナキャンプ場
・初山別村　初山別村みさき台公園キャンプ場

キャンプ×車

KOUさん

@delicatodelica

カヌーも満喫できる北海道のおすすめキャンプ場

- 弟子屈町　和琴湖畔キャンプフィールド
- 千歳市　美笛キャンプ場
- 洞爺湖町　洞爺水辺の里　財田キャンプ場

KOU

子どもがいるからを理由にいろんなアクティビティを断念する親御さんが多いと思いますが、難しいことではないと感じてもらいたいです！旧車に乗る楽しさも発信しています！ぜひ道東キャンプも楽しんでください！

Camp Profile

家族でのキャンプ歴は約6年。デリカスターワゴンは見た目のインパクトに惹かれ、実車を見に行ったその日に購入を決めた。キャンプ道具はリビングにあっても遜色ない物。シンプルでタフ、デザイン性を重視している。インフレータブルカヌーを購入し、2人の息子と妻と全道のキャンプ場でカヌーを楽しんでいる。Instagramの「フリースタイル家族写真」投稿もぜひチェックしてほしい。

- 雑誌「CARトップ」「OUTDOORあそびーくる」掲載
- 北海道浜中町発のクラフトビールの開発にも携わる
- 浜中町のネイチャーツアー「LandEdge」でキャンプイベントを開催

Instagram

@delicatodelica

デリカスターライトワゴンはキャンプギア
絶景を独占する道東キャンパー

愛車「92'delica star wagon」でキャンプを楽しむ釧路町在住のKOUさん。THEアウトドアな車が海外サイトで紹介されたこともあり、Instagramでは海外フォロワーも多い。車の愛称「エベレスト号」は、長男が大好きなアニメから名付けた。2022年には「CARトップ」「OUTDOORあそびーくる」で、車とともにキャンプスタイルも紹介された。

カヌー歴は約10年。本業の傍ら、浜中町のカヌーやトレッキングツアーなどをガイドする「LandEdge（ランドエッジ）」のメンバーも務める。「北海道は圧倒的な自然とその厳しさも感じる事ができるまさにキャンプの芯の部分を体感できる最高の場所。キャンプ中の夕日や空は、当たり前の景色であっても特別。その景色を見ながら家族とゆっくり話せる時間は、都会のキャンプ場では得られない。北海道の自然の力は大きい」という。仲間とともにアウトドアで地元を盛り上げようとプライベートキャンプ場を作った。その名も「始まりの丘キャンプ場」。道東最果ての絶景。数々のキャンプ場を巡った中でも、文句無しのナンバーワンキャンプ場だという。そんなプライベートキャンプ場で絶景を独占する、羨ましすぎる道東キャンパーだ。

キャンプ×暮らし

東野格矢さん

@kk.higashi

キャンプギアを暮らしに取り入れ毎日がアウトドア気分

石狩市在住。娘と息子と妻の4人家族の東野格矢さん。展示場で出会ったBESSのログハウスを見て、こんな生活がしてみたいと一目惚れ。住み替えをきっかけに、家を新築した。転居前の家もリノベーションを楽しんでいたという東野さん夫婦。毎日帰るのが楽しみになる家にしたいと、薪棚やキッチンカウンターなど家の中や庭などあらゆるところをDIYし、自分好みにバージョンアップ。その過程も楽しむ。2016年には「おしゃれD.I.Y.好きたちの、インテリアスタイルGO OUT Livin'」(三栄書房)」にも掲載された。

リビングの大きな窓からは、デッキに作られたまき棚が見える。夜にはデッキに照明が灯り、薪ストーブの揺らめく炎は雰囲気も満点だ。薪ストーブを取り付けたのは、2018年の北海道胆振東部地震の停電を経験してから。寒い北海道でも災害を乗り越えられる家にしたいと設置した。ログハウスがあるのは家が建ち並ぶ住宅街。特別とは言えない立地ながらも、扉を開けば、そこはまるで秘密基地。現在はログハウスでのキャンプライフとともに、エブリイワゴンを車中泊仕様にカスタマイズし、北海道旅も楽しんでいる。

東野格矢

購入したアイテムをしまい込んでしまうのはもったいないので、家でもぜひ使って楽しんでみて下さい。家の限られたスペースであっても、キャンプギアやDIY次第でアウトドア気分が毎日楽しめますよ！

Camp Profile

キャンプ歴は約4年。実は約7年になるBESSライフよりも短い。キャンプギアは、キャンプのためよりもむしろ家のインテリアや日常使いが目的で購入しているそう。ホットサンドメーカーは家のキッチンで使用。愛犬は2階に設営されていたMSRのテントでくつろいでいた。ハンドドリップでコーヒーを淹れ、薪ストーブでピザやロールキャベツなどの煮込み料理も作る。アウトドア用のテントサウナも導入し、さらに進化が続いている。

・雑誌『GO OUT Livin'』『BE-PAL』『リンネル』に掲載
・「KAMU PRODUCTS」「CAMP OOPARTS」アンバサダー
・BESSのLOGWAYコーチャーを務める

Instagram

@kk.higashi

キャンプライフが楽しくなるアイテム購入におすすめの北海道ショップ

・札幌市　TENt o TEN
・苫小牧市　PASTIME FACTORY
・札幌市　STORESEEK

イチオシのキャンプ場

・千歳市　美笛キャンプ場
・幌加内町　朱鞠内湖畔キャンプ場

ホリデーさん

@campholiday_

「湖畔サイトでは涼しさを満喫することができ最高だった」とホリデーさん。本州と北海道の違いは、サイトの広さ、景色の広がりだという。驚いたのは、北海道は地域によって天気が違うということ。「予定していた場所が悪天候だったので目的地を変更した結果、良い天気でキャンプをすることができ、これが北海道の広さなんだと実感した」。北海道在住の友人にすすめられて訪れたキャンプ場がまるでジブリ映画に出てきそうな美しい風景だったと、電波の届かない秘境も楽しく過ごせたようだ。

Camp Profile

5年ほど前からキャンプを始め、年間40泊ほどキャンプをしているというアートディレクターのホリデーさん。ビビッドカラーのビンテージテントとイエローが鮮やかなFJクルーザー、家族や愛犬とともに全国各地でキャンプを楽しんでいる。2019年の夏に、避暑を求めて北海道へ来た。

Instagram

@campholiday_

イチオシのキャンプ場

・初山別村　初山別村みさき台公園オートキャンプ場
・北見市　サウスヒルズ
・中富良野町　星に手のとどく丘キャンプ場

コバさん

@y_kobayashi_photography

「北海道のキャンプ場はいい意味で作られた感じがなく、自然をそのまま感じることができ、どこへ行ってもサイトが広く、料金が安い印象だった」というコバさん。「初山別村みさき台公園オートキャンプ場では、キタキツネに会えたり、海に沈む夕日、満天の星空に感動した」。キャンプ場内にある「ひつじの丘のジンギスカン」と厚岸産の牡蠣はどちらも絶品だったという。北海道キャンプ旅を満喫している様子が、Instagramのハイライトでリアルに綴られている。

Camp Profile

「こどもたちの記憶に残るキャンプ」をテーマに、家族4人で1年を通してキャンプを楽しんでいるコバさん。年間約50泊、長期休暇には普段は行けない場所へ遠征し、多くのキャンプフォトを撮影している。北海道へは2021年と2022年、どちらも8月に訪れた。

Instagram

@y_kobayashi_photography

オリバーさん
@oliver_r13

「北海道は空の色が違う。グレーがかっていないクリアな色が印象的です」というオリバーさん。滞在中に、野生のキタキツネやリスにも出会えたそう。濃い味の野菜、新鮮な魚介、臭みのない柔らかなジンギスカンは、また食べたくなる思い出のグルメだ。「キャンプだけではなく、近くの温泉や観光スポットも楽しめました。その土地の大好きなキャンパーさんたちに会いに行くことも大きな目的なんです」。北海道在住の友人と合流し、久しぶりに会える人たちとの語らいの時間をキャンプ場で満喫した。

Camp Profile

世界20カ国以上を旅した経験をもつ「地球が遊び場」というオリバーさん。「移動式別荘」をテーマに、絶景と心地良い風、現地の美味しい食を求めて旅する女性。海外へ行けなかったここ数年は、国内の四季をキャンプ場で楽しんでいる。北海道には秋と冬に4回訪れた。

Instagram

@oliver_r13

北海道のクリアな空の色が印象的!

イチオシのキャンプ場

- 東川町　アサヒの丘キャンプ場
- 北斗市　北斗市きじひき高原キャンプ場
- 七飯町　東大沼キャンプ場

YUUCAさん
@yuuca_mp

愛車をフェリーに載せて来道し、道東エリアをキャンプと車中泊で楽しんだYUUCAさん夫婦。水平線や地平線が広がる絶景や白樺の木々がある風景を満喫。釧路で立ち寄った回転寿司の美味しさに「北海道の海の幸はレベルが違う」と驚いたそう。

スープカレーの野菜も北海道ならではの濃い味を感じたという。「釧路湿原のカヌー体験などアクティビティにも挑戦しました。キャンプ以外の遊びが楽しめるのも北海道の魅力です。また季節を変えて道北や道南方面へも行ってみたいです」。

Camp Profile

旧車をカスタマイズして車中泊仕様へ。登山、フェス、キャンプ好きで、全国へ楽しい外遊びを探しながら旅しているYUUCAさんとおひげさんの2人。Instagramのフォロワーは2万人以上。企業とコラボしたキャンプベスト「little vest」をデザインし、インフルエンサーの仕事も務める。北海道へは夏とGWの2回、長期旅の経験がある。

Instagram

@yuuca_mp

北海道の水平線や地平線が広がる絶景が好き!

イチオシのキャンプ場

- 弟子屈町　RECAMP摩周
- 標茶町　多和平キャンプ場
- 帯広市　スノーピーク十勝ポロシリキャンプフィールド

筆者メンバー
中嶋史治さん
@bluecolor0411

筆者メンバー
舛田悠紀子さん
@yukiito326

北海道の絶景に溶け込むテントの風景と料理フォトでキャンパーを魅了する夫婦

札幌や東京中心に広告写真と動画の仕事をしている夫中嶋史治さんと、北海道フードマイスターの資格を持ち、全国メディアで料理コラムや動画を連載中の妻悠紀子さん。本書で巻頭から紹介しているキャンプ場は中嶋さんが撮影し、キャンプ飯特集では、悠紀子さんが北海道ならではの美味しいキャンプ料理を紹介している。

「絶景や美味しい食材のためなら遠征する」という2人のキャンプは年間50泊。Instagramに投稿される2匹の愛犬や家族、友人と楽しむキャンプ写真は、まさに憧れの北海道極上キャンプ。絵画のように美しい薄暮の風景と料理に魅了され、全国のみならず海外からもDMやコメントも届く。楽しみ方を知り尽くした2人のキャンプスタイルには、北海道の魅力が詰まっている。

上）お気に入りの札幌市八剣山ワイナリー焚き火キャンプ場での1枚。サイトは生活の中から好きなものを持ち込んで空間を作る。ビンテージテイストなテントやタープは、洋服のように気分に合わせながらセレクトする。

左）キャンプで愛用しているのはコンパクトデジタルカメラ「LeicaQ2」。小型でフィルムチックに写真が撮れるのでお気に入りだそう。

右）アドレイクのレイルロードランタンはオークションで約3万円で購入した。夏はパラフィンオイル、冬は灯油を入れて使用　簡単に点火でき、柔らかい色味やアンティーク感を楽しんでいる。

活動の様子はこちらをCHECK！

HP

miny's kitchen

Instagram

@bluecolor0411

筆者メンバー

花岡俊吾さん

@hanaokashungo

年間100日以上北海道のキャンプ場を取材し続けているプロフェッショナル

北海道の道の駅とキャンプ場を回るため、1日に取材する箇所は7、8件になることもある。ランニングが日課でマラソン大会にも出場。取材のためにも健康管理と体力づくりも怠らない。

平成の始めごろから家族キャンプに親しむ。アウトドア好きに加えフリーで活動していることなどから、北海道新聞社発行の『北海道キャンプ場＆コテージガイド』を2020年度版から担当。取材・執筆者として携わっている。愛車フィットにSnugpakの寝袋を積み、一眼レフと取材ノートを片手に、年間100日以上かけてキャンプ場を巡る。現地取材はすべて1人。天気予報を注視し、晴れ間のあるエリアを狙って移動する。北海道のキャンプ場の魅力を「施設数が多いことはもちろん、海辺・山岳・湖畔・公園といった立地の多様性では」と分析する。自身の野営は「サイトでじっくり過ごすというより、旅を主体にロケーション重視で選ぶ」スタイルだ。

上）取材の7つ道具。スケジュールを管理するシステム手帳。原稿を書くマックブックエアー。地図や既存のガイドブック。ニコンの一眼レフ。黒いカバーを付けたミニノートと日本ノートの6A50。ペンはステッドラーを愛用。

左）ドラマチックな風景に出会うことができるのもキャンプの醍醐味。写真はクッチャロ湖畔キャンプ場。

活動の様子はこちらをCHECK！

Blog

「良いことは、広める」

Instagram

@hanaokashungo

筆者メンバー

まるななさん

@marunana77

相棒の軽キャンピングカー「テントむし」で北海道から全国へ

「軽キャン女子」として、多くのファンを持つ。車中泊の専門雑誌『CarNeru(カーネル)』のアンバサダーとして取材や記事の執筆、ついには表紙を飾る。全国各地で開催されるキャンピングカーショーではトークショーに出演。東京ではワークマンの新作発表会に潜入して、レポーターとして活躍。相棒は軽キャンピングカー「テントむし」だ。2017年に中古車として購入して以来、ソロ車中泊・ソロキャンプ・ソロ登山を共にする。自身のYouTubeチャンネルやブログでは、車中泊のノウハウや軽キャンピングカーの使い勝手、登山にキャンプの情報などを配信する。訓練のつもりで行った「極寒のマイナス24度！軽キャンで冬の北海道車中泊(寒さ対策)」という約9分の動画は、42万回を超える再生数となっている。目標は「軽キャン女子という言葉を定着させること」。

お気に入りのキャンプ場は、恵庭のメイプルキャンプ場。ふわふわな芝生、クルマの横付け可、通年営業。いつ行っても落ち着く場所

上）車内のこだわりはテーブル。PC作業や調理がしやすいよう大きいものに変更。カフェぽいカラーリングに

左下）ポータブル電源は大好きすぎて複数所有。現在は、EcoFLow RiveProとRiverMiniの2台体制。中型と小型を使い分ける

活動の様子はこちらをCHECK！

Blog

まるななブログ

YouTube

まるななちゃんネル

筆者メンバー

タカマツ　ミキさん

@takamatsumiki_outdoorwriter

三菱ジープで北海道各地へ遠征取材
アウトドアを仕事にする行動派女性ライター

小樽市を拠点に活動する女性アウトドアライター。キャンプ歴は約12年。ソロキャンプも4年ほど前に始めた。30代の女性が年季の入った三菱Jeepをこよなく愛し、軍幕でソロキャンプも楽しむワイルドなスタイルは、インパクトが強い。

気になったギアだけを選んで使い、リアルな感想を写真付きでレビュー。アウトドアメディアや北海道内の地方紙のコラムを執筆している。キャンプ場では、取材のための撮影に忙しい時間もあるが、愛猫を連れてのんびり、好きなビールとホルモンを食べている時間が至福のひとときだという。本書では、タカマツさんが道内を巡って取材したイチオシの酒造やコーヒー店を掲載している。きっとキャンプのお供に買ってみたいものが見つかるはずだ。

愛車の三菱Jeep(J58)。乗り心地はアトラクションを楽しむような感覚で、他の車では味わえないという。「次に乗る車ももちろん三菱Jeep」とすでに決めている。

上）愛用しているFUTURE-FOXのソロ用パップテント　薪ストーブ煙突用の穴やスカートが付いていてオールシーズン利用でき、見た目も機能性もお気に入りのテントだそう。

左）撮影でも良く利用するのは赤井川村にあるAKAIGAWA TOMO PLAY PARK。近くを流れる川のせせらぎが聞こえ、紅葉が素晴らしくソロでも安心の場所

活動の様子はこちらをCHECK！

Instagram

@takamatsumiki_outdoorwriter

筆者メンバー

川手有沙さん

@possi.labo

北海道キャンプの情報や魅力を伝える キャンプコミュニティーマネージャー

キャンプ歴は6年ほどだが、強力な発信力ゆえ道内キャンパーには知らぬものはいないほど有名なインフルエンサー。訪問したキャンプ場は100カ所を超える。その経験を基に、愛好家らに有益な施設情報と、野営地からの情緒あふれる風景などをSNSやブログ、YouTubeで発信する。キャンプ地では自らのカメラ4台を使って撮影。日の出前のオレンジに染まる空や、荘厳な夕景の丘、きらめく星空などを写真と映像に収める。2021年からはキャンプ用品ブランド・ショップと連携してキャンプイベントを開催。閑散期のキャンプ場を貸し切り、150人を超える参加者を集める。本書でも、実体験に基づくノウハウを提供する。

パスタイムファクトリーのアルミコンテナ。有孔ボードを取り付け、コーヒーやキッチンアイテムを伸縮性のあるコードで固定できるようDIYした。レザーアイテムをカスタマイズしてオリジナル感を楽しんでいる

武井バーナー 501Aは連続燃焼時間約8時間もある冬に欠かせない加圧式灯油ストーブ　ランタンのようにコンパクトなので春秋でも車に積み込んでおくと急な冷え込みにも対応できる

左）サウスヒルズから見た北見市内の夜景。季節がダイレクトに感じられるのもキャンプの醍醐味。四季がはっきりした北海道の美しい風景をキャンプを通して夫Keitanと共に発信している。

活動の様子はこちらをCHECK！

Blog

Possibility.Labo

YouTube

Keitan's Camp

川手さん愛用テント イチオシの6つを解説!

北海道で通年キャンプを楽しんでいる川手有沙さんは、9つのテントを所有し、季節やサイト、天候などに合わせてテントを使い分けているそうです。そこで、川手さんにそれぞれのテントの特徴を解説してもらいました。北海道キャンプがより快適に楽しめるヒントになるかも。

01 tent-Mark DESIGN サーカスTC

▲キャンプを始めたばかりの頃に購入したサーカスTC。五角錐の形をしたワンポールテント。小スペースでも設営できるため、サイトを選ばず使えて便利。暖房効率がよく、冬にも活躍。初めての冬キャンプで使用したテント。定価38,280円

02 NEMO ヘキサライトエレメント6P

▲2つ目はヘキサライトエレメント。まきストーブキャンプを始めてサーカスTCが手狭に感じたので、購入した。ツーポールテントで、片側のポールを二股化させると居住スペースが広がる。取付式のテントスカートを自作。購入額75,900円

03 SABBATICAL スカイパイロットTC

▲3つ目は、スカイパイロットTC。TC素材の大型シェルターテントが、10万円以下で購入できると初回ロットで購入した。高さは270cmもあり幕内がとにかく広い。前面を跳ね上げればタープのようにも使える。イベントなどでも活躍中。定価99,800円

04 NORDISK レイサ6

▲4つ目は、レイサ6。4本のフレームのトンネル型テント。これまで使ったことのない形状に挑戦したくて購入。見た目以上に幕中が広く使える。窓から外の景色も見えるので雨の日でも楽しいテント。購入額170,500円

05 Helsport バランゲルドーム8-10

▲5つ目は、バランゲルドーム8-10。4本のフレームで立ち上がる大型ドーム型テント。テントの真上から、まきストーブの煙突が出せるスタイルに憧れ購入した。ペグダウン前ならテントごと移動ができることも便利で使いやすい。定価231,000円

06 NORTENT ギャム6pc

▲6つ目は、ギャム6pc。まきストーブ用の煙突穴が標準装備のドーム型テント。ポリコットン生地で結露しにくく、コンパクトサイズとタブルスカートで暖房効率が良い。寒暖差が大きい季節や冬に重宝する。定価212,500円

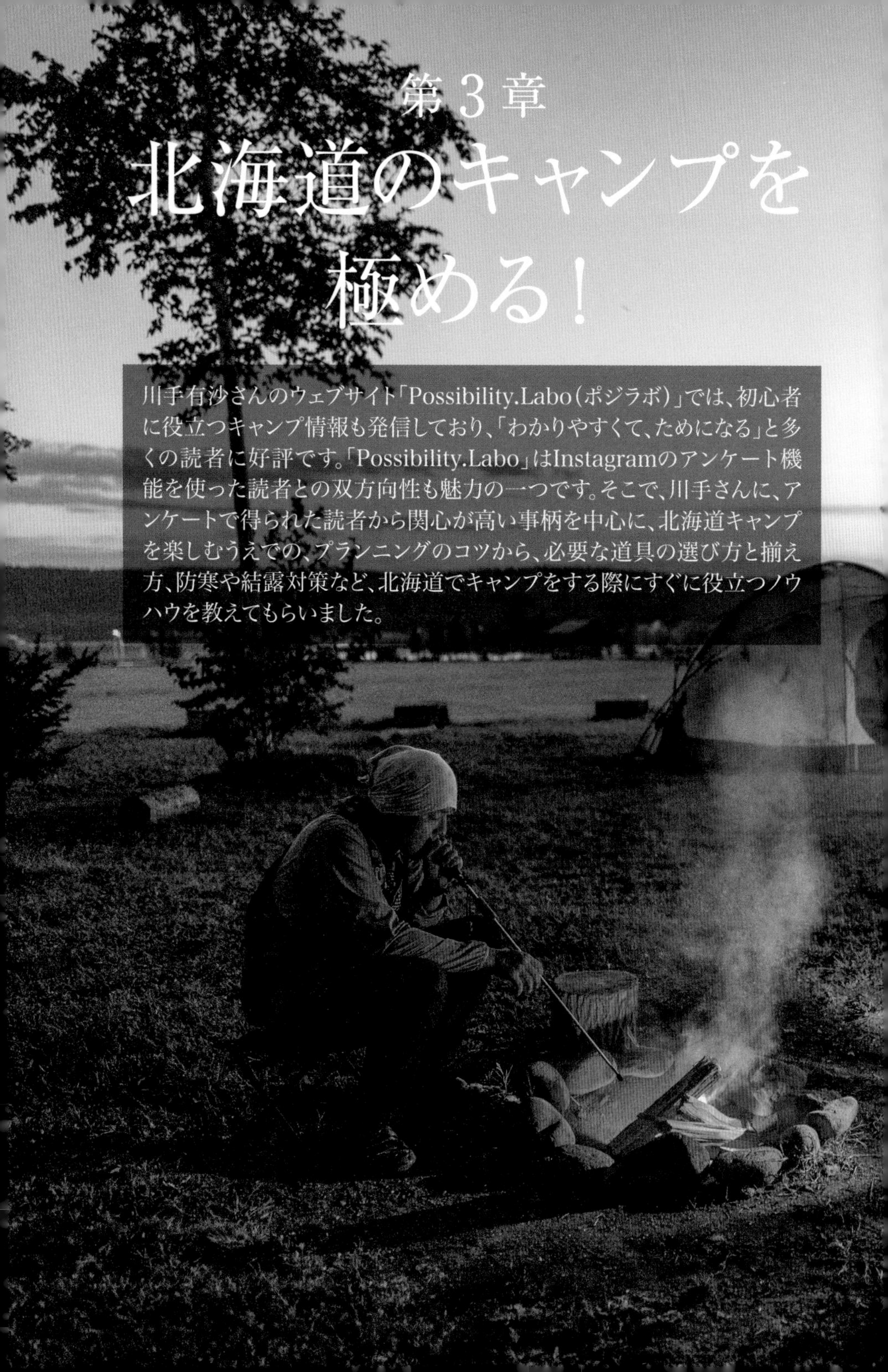

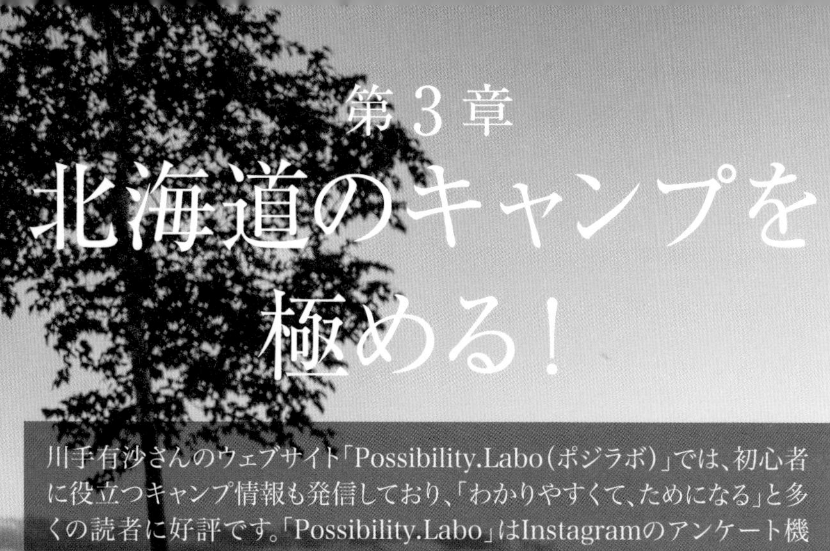

第3章 北海道のキャンプを極める！

川手有沙さんのウェブサイト「Possibility.Labo（ポジラボ）」では、初心者に役立つキャンプ情報も発信しており、「わかりやすくて、ためになる」と多くの読者に好評です。「Possibility.Labo」はInstagramのアンケート機能を使った読者との双方向性も魅力の一つです。そこで、川手さんに、アンケートで得られた読者から関心が高い事柄を中心に、北海道キャンプを楽しむうえでの、プランニングのコツから、必要な道具の選び方と揃え方、防寒や結露対策など、北海道でキャンプをする際にすぐに役立つノウハウを教えてもらいました。

この章を執筆するにあたっては日本キャンプインストラクター講習会で講師を歴任されてきた北海道キャンプ協会の下川原清貴事務局長にアドバイスをいただきました。

北海道のキャンプ場は
数も多様性もロケーションも日本一！

北海道の総面積は約83,000平方キロメートル。国土の約22%の広さをもち、179市町村(35市129町15村)で構成されている。全道各地にキャンプ場があり、その数は380カ所を超える。新型コロナウイルス感染が拡大する中、キャンプは密にならないレジャーとして人気を集め、2020年以降民営キャンプ場や個人オーナーが経営するキャンプ場、スキー場や温泉、ホテルの敷地を活用してのキャンプサイトが続々誕生している。

北海道は多様性が楽しめる日本一のキャンプスポット

北海道新聞社が発行する書籍「北海道キャンプ場&コテージガイド(花岡俊吾著)」では、道央エリア109カ所、道南エリア25カ所、道北エリア70カ所、オホーツクエリア26カ所、道東エリア50カ所が掲載されている。ロケーション別でも各キャンプ場が検索でき、厳選された全道各地280カ所の多彩なキャンプ場の中から、自分好みのキャンプ場を探し出すことができる。

北海道には一般利用できる空港が12カ所あり、地域の拠点となっている道の駅も2023年3月時点で全国最多の127カ所ある。札幌、函館、小樽など、全国的知名度を誇る観光名所も多い。来道した観光客のなかには、キャンプをしながら長旅をする人もいるだろう。夏休みには道内旅行を楽しむ道民も多い。キャンプ場は全道各地に点在しているため、観光エリアと組み合わせてキャンプ場を探すこともそう難しくない。ただし、混み合う休日利用なら、事前の予約が必須だ。最新のキャンプ場予約事情については、104 ～ 105ページで解説しているので、旅行計画前にご一読いただきたい。

どんなキャンプ場へ行ってみたい？

- □ 海が見えるキャンプ場
- □ 湖畔キャンプ場
- □ 林間キャンプ場
- □ 川辺のキャンプ場
- □ 田園風景が望めるキャンプ場
- □ 朝日、夕日、星空が見られるキャンプ場
- □ 温泉やサウナ併設のキャンプ場
- □ 夜景が見える高台や丘の上のキャンプ場
- □ コテージやバンガロー併設のキャンプ場
- □ グランピングができるキャンプ場
- □ 通年営業で冬キャンプができるキャンプ場

北海道にある国立公園は6カ所

利尻礼文サロベツ国立公園、知床国立公園、阿寒摩周国立公園、釧路湿原国立公園、大雪山国立公園、支笏洞爺国立公園の6カ所と、6カ所の国定公園、11カ所の道立自然公園があり、世界的にも注目されている自然風景。これらの公園内にもキャンプ場があり、日本が誇る豊かな自然をキャンプサイトで味わうことができる。

北海道にある湖は50以上

北海道には静かな湖畔の風景を眺めながら過ごせるキャンプ場が30カ所以上もある。この数はもちろん全国都道府県でNo.1。山々に囲まれた透明度が高い湖水でカヌーが楽しめると人気の美笛キャンプ場や屈斜路湖畔にあるRECAMP和琴、朱鞠内湖畔キャンプ場などは、全国屈指のロケーションを誇り、旅人にとっても憧れの地だ。

北海道は無料のキャンプ場も多い

このようにロケーションに恵まれた北海道のキャンプ場だが、無料のところも多く、一組あたりの平均宿泊料金は全国的にみても安い。連泊や長期旅など、キャンプを楽しむ条件がそろった北海道は、まさにキャンプの聖地なのだ！

これは一部です！
無料キャンプ場

- □ 岩尾内湖白樺キャンプ場
- □ アルトリ岬キャンプ場
- □ 長節湖キャンプ場
- □ サホロ湖キャンプ場
- □ きりたっぷ岬キャンプ場
- □ ウシ空のキャンプ場
- □ ウスタイベ千畳岩キャンプ場
- □ チミケップ湖キャンプ場
- □ 東大沼キャンプ場
- □ かもめ島キャンプ場

地域により異なる北海道の気候の特徴を理解してキャンプの計画を立てよう！

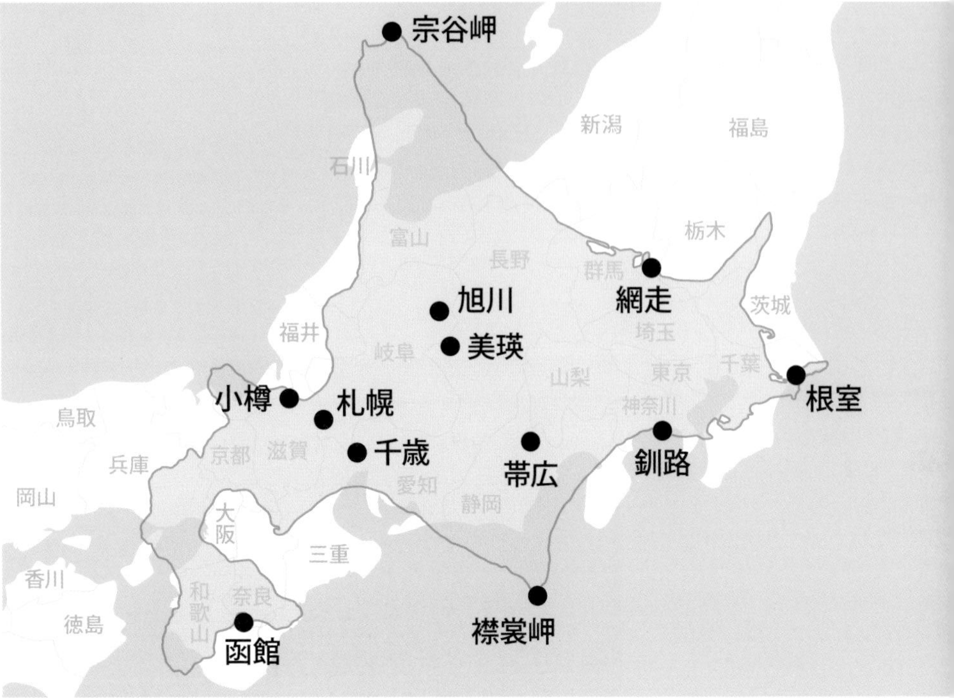

宗谷岬
新潟
福島
石川
富山
栃木
長野
群馬
網走
旭川
茨城
福井
美瑛
埼玉
岐阜
山梨
東京
千葉
根室
小樽
札幌
神奈川
鳥取
釧路
千歳
帯広
兵庫
京都
滋賀
愛知
岡山
静岡
大阪
三重
香川
和歌山
奈良
襟裳岬
徳島
函館

北海道は東京、名古屋、大阪がすっぽり入るほど広い！

北海道と本州を重ねた地図。北海道の最北が能登半島なら、道東は千葉、道南は和歌山までの距離がある。他県の天気が同じにならないことは想像がつくかもしれないが、北海道は、日本海、太平洋、オホーツクと3つの海に囲まれ、地域によって季節風の影響も異なり、気候の特徴も大きく違うのだ。

冬でも良く晴れる地域といつも曇りの地域

◆「十勝晴れ」

季節風により、冬の日本海側は雪が多く降る。十勝は北海道の背骨とも呼ばれる日高山脈があることで、西からの雪雲が遮られ、雪が降る日は少なく、晴天の日が続く。年間を通じて、全国的にも日照時間が長く、年間降水量も少ない。冬は毎日のように雪が降る地方がある一方で、十勝は冬でも晴れの日が多いのだ。冬でも、天気の良い日にキャンプがしたいなら、十勝エリアがおすすめだ。

◆「霧の街くしろ」

年間あたりの霧の発生率が日本一という、釧路。夏は「海霧」、冬は「けあらし」がよく見られる。6月から8月の3カ月間の霧発生日数は、札幌市で0日だったのに対し、釧路で28日、根室で55日と、その差は歴然。幻想的な霧のある風景も人気だが、すっきり晴れた日に釧路にいたら、それはとても珍しいことなのだ。

**行く地域によって天気や気温はまったく異なると思ってほしい。
雨予報と諦めずに、晴れているエリアに向かえば、良い天気でキャンプができるかも。**

北海道エリア別気候の特徴

道北

・内陸部では、フェーン現象によって気温が上がることが多い
・冬は放射冷却現象によって、−30度以下に下がることもあり、寒さが厳しい

道央

・日本海側は夏に晴天が多い
・「対馬暖流」の影響で気温は高め
・風が強く、降雪量が多い
・ニセコ周辺は豪雪地帯

道南

・日本海と津軽海峡を「対馬暖流」が流れるため、比較的に暖かい
・降雪・積雪が少ない

オホーツク

・年間を通して、晴天に恵まれる
・気温は低く、冬は寒さが厳しい
・日照時間が長く、降雪量が少ない

釧路・根室

・曇りや霧の日が多い
・海霧が発生し、非常に冷涼
・最暖月でも平均気温は16度〜 17度
・冬は晴れる日が多い

十勝

・夏は内陸部で高温が続く
・冬は放射冷却現象が起こりやすいため、連日のように朝晩が冷え込む
・雪は少なく晴天の日が続く「十勝晴れ」が多い。年間降水量も少ない

北海道は気温差が大きいからこそ四季が美しい!

北海道のGWは寒い

北海道の夜は涼しい&むしろ寒い

春

本州では3月に桜が見頃を迎えるが、北海道ではGW前後が見頃。2022年4月29日、北海道各地で最低気温が1 ～ 6度、標高の高い地域などではマイナスを記録した。雪解けが遅い地域では、5月上旬でも積雪が残っているため、キャンプ場のオープンがGW後という場所もある。GWに間に合わせて4月下旬にオープンするキャンプ場も多いが、日中は気温が上がっても朝晩は冷え込む。GWでも5度を下回る想定で準備が必要だ。

夏

真夏でも北海道の夜は気温が下がり、20度を下回る日がほとんど。北海道の夏も、日中は真夏日になるなど本州と違いがないほど暑くなるのだが、それでも涼しいという印象があるのは、朝晩に気温がしっかり下がり、一日の中でクールダウンできる時間があるからかもしれない。本州のような夕立が起きることも少ないのだ。

北海道には台風が来ない? 梅雨がない?

北海道は、台風の「上陸」が少ないことが特徴。北海道に到達する前に、熱帯低気圧に勢力ダウンしたり、経路がそれたりすることが多い。また、梅雨前線は北海道よりも南に停滞するため、6 ～ 7月でも梅雨がなく気候が安定している。しかし最近では「蝦夷梅雨」という言葉もあるほど、梅雨と感じるような長雨になる年もある。気候は年々変化しているので、最新の長期予報などで確認してほしい。

秋

9月中旬、あるキャンプ場のInstagramでは、「最低気温5度、最高気温22度予想なので、防寒具をしっかりと用意してご来場下さい」とアナウンスをしていた。半袖でも過ごせそうな日中とは対照的に冷え込む朝晩。最低気温5度になると、キャンプ場で防寒着だけで過ごすには寒いかもしれない。半袖で過ごすような季節であっても、ストーブの持参が必要な日もあるのだ。

一日の気温差が20度になることも

冬

真冬日(1日の最高気温が0度未満の日)を1981年～2010年の平均日数で比べてみると、函館市が29日、札幌市は45日、旭川市は74日。函館と旭川では、倍以上の日数の違いがある。海沿いの地域では、暖流の影響を受け比較的気温が高くなり、内陸部が低い傾向だ。

冬キャンプでは、積雪量や最低気温が違うと難易度が大きく変わる。積雪状況、天候や最低気温などをよく確認して、キャンプ地を選んでほしい。

地域によって真冬日の日数がこんなに違う

ポイント

冬タイヤ装着はいつまで必要？

GWのキャンプで、山間部の峠を越えて移動する計画があるかもしれない。高速道路などでは、冬タイヤ装着が義務づけられることがあるため、夏タイヤへの交換のタイミングが難しい。レンタカーは、完全に積雪がなくなる5月中旬ごろまでタイヤ交換しないというところが多いのもこのためである。GWの車移動には、油断は禁物だ。

【春秋の防寒対策】
春秋でも朝晩の冷え込みが厳しい北海道キャンプ

キャンプは夏休みの恒例行事というファミリーキャンパーも多いが、「キャンプは夏より、少し寒い春秋がいちばん」「冬こそベストシーズン」という人もいる。

夏休みやお盆で混み合い、予約が取りにくいキャンプ場も、寒い季節になると予約が取りやすくなり、利用直前でも予約ができたり、フリーサイトが広々と使えたりする。夏の炎天下のテントの設営や撤収は熱中症を引き起こす危険性もあり、あえて真夏のキャンプは避ける人もいるほど。やや寒いと感じる季節は、焚き火の暖かさを感じる時間が楽しく、虫が減るなど、実はメリットも多い。きちんと防寒対策アイテムを準備すれば、夏よりも快適にキャンプが楽しめるかもしれない。

野外で長時間過ごすなら「16度でも肌寒い」

春秋キャンプのメリットも多いが、防寒対策は必須である。「想定外に冷えて困ったことがあるか」というアンケートには、寒さで困った経験があると答えた人は42%。少し寒かったけれど我慢できたという人は半数を超え、困ったことはないという人はわずか6%しかいなかった。標高が高い場所や日陰が多い林間サイトでは、天気予報で調べる気温よりも低く感じる。少しの時間なら"涼しくて過ごしやすい"と思えるのだが、長い時間、野外で過ごすキャンプとなると、体が"冷え"を感じるかもしれない。

湿度によっても異なるが、「室温でも16度前後になれば、ほとんどの人が肌寒さを感じる」という電力会社のデータもある。16度前後でも肌寒く感じるということを知っていれば、春秋はもちろん、真夏でもある程度の防寒対策が必要な日があることも予想が付くだろう。

(東京電力エナジーパートナー資料参考)

寒さ対策の基本は「底冷え対策」

「冷たい空気は下にたまる」。テントに直接座っていると、地面からの冷気がじかに伝わってしまう。もし寒い日に何も敷かないで寝てしまったら、背中に寒さを感じるだろう。冷気を感じないようにするためには、「①熱を遮断するマット類を敷く」「②コットなどを使って、地面からの距離を離す」の2つの対策が必要。コットは低いままより、脚を付けて高さを出すこと。コットの上にもブランケットやマットを重ねて使うと底冷えから解放されて、ぐっすりと寝ることができるはずだ。

想定外の寒さで困ったことはある?

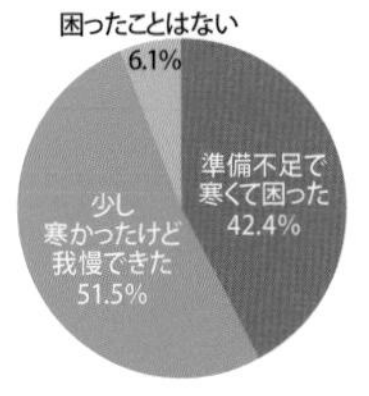

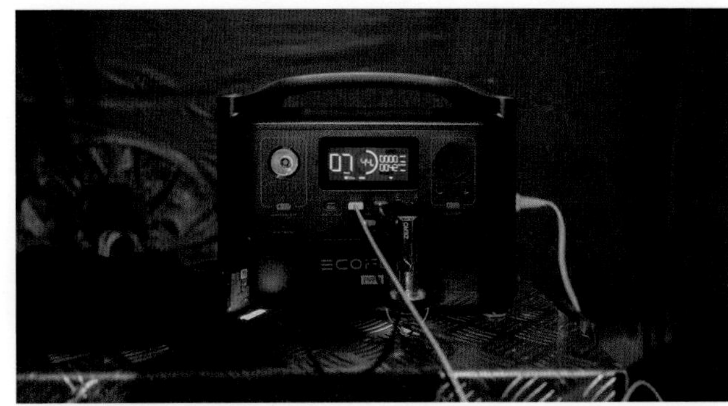

道具は多様化 防寒アイテムも豊富にラインナップ

キャンプ道具といえば夏のレジャー用品のイメージがあったかもしれないが、雪中キャンプの楽しみ方が書籍やメディアで取り上げられるようになり、冬キャンパーも増加。北海道各地で、通年営業のキャンプ場も誕生した。アウトドア用の灯油ストーブやシュラフ、マットなど、防寒性に優れたアイテムも多数販売されている。以前よりも種類が豊富になり、自分のキャンプスタイルに合わせて選んで購入できるようになった。道具が揃えば、寒い季節のキャンプも確実に快適になる。

道具は工夫次第 組み合わせて楽しもう

羽毛がたっぷり入った冬用シュラフがあれば安心だが、春秋シーズンに冷え込みを乗り切りたいという人なら、コット、マット、湯たんぽ、シュラフカバー、インナーシュラフなどを組み合わせるのも有効。組み合わせて使えば、必ずしも冬用の道具をそろえなければいけないわけではない。一つの道具だけに効果を期待するのではなく、寒さの度合いで組み合わせを変えたり、補いあいながら使うのがポイント。季節の変わり目などに、予備の防寒アイテムとして持ち歩くと安心だ。

また、電源サイトを利用したり、ポータブル電源を持ち込んだりして、電気毛布や電気カーペットを活用すると、テント内でも暖かく過ごすことができる。

春秋キャンプのメリット

- ☐ 予約が取りやすい
- ☐ キャンプ場が混雑していない
- ☐ フリーサイトを広く使える
- ☐ キャンプ場全体が静か
- ☐ 虫が少ない
- ☐ 焚き火の暖かさが心地よい
- ☐ 暑すぎず過ごしやすい気温
- ☐ 北海道は比較的天気が安定している

【春秋の防寒対策2】
賢い道具選びが快適キャンプへの近道

夏の間、何の不自由もなく使えていた道具が、気温が下がると不具合で使えなくなることがある。低温が原因で使えないことに気づかないと、故障だと勘違いしてしまうことも。寒さに弱いアイテムがあることをぜひ知っておいてほしい。

寒い季節はキャンプ場へストーブを持参

テントの取り扱い説明書には、「テント内の火器使用は推奨しない」との記載がある。しかし、暖を取るためにテント内でストーブを使用する北海道キャンパーは多い。ストーブは火災の心配や燃料によっては一酸化炭素中毒のリスクもある。キャンパー自身がしっかりとした知識を持ち注意することが不可欠だ。使用する場合は、一酸化炭素警報機、チェッカーなどを用意し、ベンチレーションを開けて、定期的に新鮮な空気を取り込んで換気するなど十分に注意してほしい。サーキュレーター(または扇風機)などを使って空気を循環させテント内の温度を均一にすることもおすすめ。テント上部にたまってしまう温かい空気を全体に広げ、暖房効率を上げよう。

【失敗あるある1】
ガスが出ない・乾電池が使えない

まだガスは残っているはずなのに出が悪い。寒い日に、本来の火力で使えなくなってしまうのが、ガスの弱点。屋外でガスコンロを使用していると、ガス缶が外気に触れて冷えてしまい、気化しにくくなることで、火力が不安定になってしまうのだ。乾電池も長時間寒い場所に置いたままにすると冷え切ってしまい、本来の機能が発揮されないことがある。どちらも、寒さに強い寒冷地対応の商品を使うことで、解消することができる。

【失敗あるある2】
スマートフォン、ポータブル電源のバッテリーが突如落ちる

寒い日に、携帯電話のバッテリーの減りが速いと感じたことはないだろうか。バッテリー電源は寒さに弱い。防災意識の向上も影響して、ポータブル電源の所有率が年々高まっている。キャンプで使用する人も増えているのだが、暖かい季節には感じなかったポータブル電源の消費の速さが気になる人も多い。携帯電話や小型のバッテリーならポケットに入れて体温で保温したり、ポータブル電源は冷気が直接当たらないよう置き場所にも注意してほしい。

おすすめ防寒アイテム

- □ マフラー、手袋、帽子
- □ 湯たんぽ
- □ カイロ
- □ ブランケット
- □ シュラフ
- □ コット
- □ マット
- □ 電気毛布
- □ 電気カーペット
- □ 電気ストーブ
- □ 灯油ストーブ

北海道キャンパーの半数以上がキャンプ用にストーブを所有

北海道の初雪は、地域差があるが10月頃。北海道の冬は長く、雪が解ける4月、5月でも最低気温は0度近くまで冷える日がある。暖房所有についてのアンケートでは、約67%の人がキャンプ用の暖房器具を持っていると回答した。ストーブをキャンプ場へ持ちこむ時期については、「7、8月でも天気次第では持参する」が9%、「9月頃から持参する」41%、「10月頃から持参する」が40%。「11月以降持参する」が9%という回答結果に。

また、「購入を検討している」という回答も多数あり、キャンプで使える暖房が必要だと感じている人が多いことがわかる。夏休みシーズンだけキャンプする人ならストーブは必要ないと感じるかもしれないが、少し寒い季節までキャンプをしたいなら、ストーブも準備しておきたい。

メイン暖房は「灯油ストーブ」が人気

アンケートでは、メイン暖房に使用するのは灯油ストーブが79%と断トツで高かった。灯油ストーブは、連続燃焼時間が長く、一度の給油で20時間以上使えるものもある。燃料のランニングコストをガスよりも抑えることができ、点火や消火操作も簡単なため、アウトドア向き。薪ストーブは、薪をくべる手間や薪の調達、メンテナンスが大変などの理由もありハードルは高いが、キャンパーの間では憧れの的だ。

賢い道具選びが快適キャンプへの道

防寒アイテムで人気の湯たんぽ。筆者が初めに購入したのは、プラスチック製の500mlタイプだった。効果を実感することはできたのだが、湯たんぽは容量が大きいほど保温時間が長く、温め直しもできる金属製の方が断然使い勝手が良い。金属製湯たんぽに買い替えたところ、夜に熱湯を入れた湯たんぽの温かさが朝まで持続することに驚いた。同様に、暖房も、電気、ガス、灯油ストーブ、薪ストーブなど、選ぶものによって効果は異なる。それぞれのメリットやデメリットを踏まえ、自分のキャンプスタイルに合わせて、道具の機能性をよく理解して賢く選ぼう。

キャンプ用暖房の所有

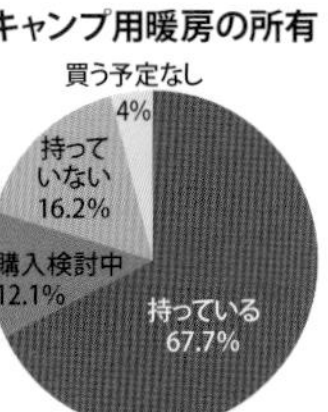

暖房はいつから持ち歩く？

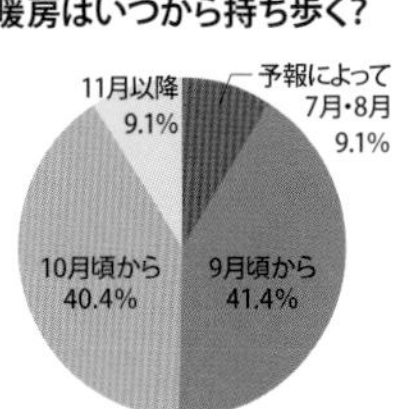

キャンプ用のメイン暖房は何？

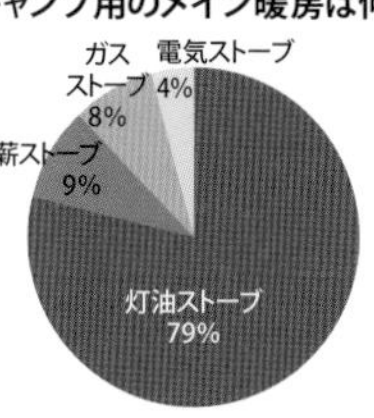

※テント内の火気使用は危険と隣合わせ、安全上の留意点に十分配慮して自己責任でご使用ください。

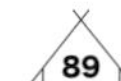

【雪中キャンプ入門】
キャンプサイトで白銀の世界を満喫しよう!

北海道の極寒を楽しむキャンパー。数年前までは冬キャンプ人口も少なかったが、ここ数年で防寒性に優れたキャンプ用品の種類や販売が増えた。冬キャンプニーズの高まりに応えるように、北海道でも冬季営業キャンプ場が急増し、環境が整ってきている。

正しい知識と経験を積んで挑んでほしい

2021年には北海道でも冬キャンプ中の事故(一酸化炭素中毒、ガス缶爆発、薪ストーブによるテント火災)が発生している。寒さが厳しい野外での宿泊では、火気を使用する場面が多く、使い方を誤れば命に関わる危険性があることをしっかりと理解しなければならない。

テント内の火気使用は自己責任

各メーカーで販売するテントには、ベンチレーション(換気口)が付いている。煙突が通せる構造になっているものも一部あるが、それらの商品でさえも幕内での薪ストーブや火気暖房の使用を禁止している。テントは部屋に比べると極端に狭い空間なので、近くに物を置く可能性が高く、換気も欠かせない。

「他のキャンパーもテント内で暖房を使っている」という安易な気持ちで暖房を使用するのは危険である。狭い空間での使用を想定していない暖房機器をテント内で使うことは、全て自己責任となることを忘れてはならない。

安全に使える暖房はある?

電源サイトが利用できれば、電気ストーブや電気毛布、電気カーペット、オイルヒーターが使用できる。

電気ストーブやオイルヒーターは不完全燃焼などによる危険性は低いが、近くにものを置かないことは同じく注意は必要。ガス缶や燃えやすいものが近くにないことを確認した上で使用するのはもちろん、一緒に過ごす全員がその危険性を知らなければ大事故になりかねない。電気毛布や電気カーペットは、低温やけどにも注意が必要だ。

消費電力量とポータブル電源

ポータブル電源があれば、電源サイトがないキャンプ場でも電化製品を使うことができるが、容量不足で想定していた時間を十分に使えないこともある。電気ストーブや電気カーペットを複数持ち込むなど、多くの電力を消費する場合は、予定している電化製品が使用できるか事前にワット数や口数も確認しておきたい。

いざというときの予備暖房、予備チェッカー、予備防寒着

持参した暖房類が故障してしまった場合や予期せぬ寒さにあうこともあり、対応できる予備暖房も用意しておきたい。一酸化炭素チェッカーは、1つに不具合があったときにも確実に危険を感知できるように、必ず2つ以上の持参が鉄則。使用前には、動作確認もしておこう。

衣類の濡れは、体温を奪う大敵。撥水性や防水性に優れたウエアや靴を使用し、万が一濡れてしまったときの着替えや靴にも予備を持参しよう。

「過信せず、無理をしない」

「今季一番の寒波」というような日や大雪の日を選んでしまうと、冬キャンプの難易度は上がってしまう。経験の少ない人は無理をせず日程を変更し、宿泊せずにデイキャンプだけ、寝泊まりはコテージにするなどの対策が必要。

初心者なら、忘れ物や故障の場合に対応できるレンタル用品が揃うキャンプ場や、スタッフが24時間駐在する場所を利用することも対策の一つだ。自分のスキルに合った地域や気象条件で経験を積み、徐々にスキルアップを目指していこう。

危険を理解するだけではなく、予めシミュレーションすることも大事。初心者だけではなく、何度も経験しているベテランであっても、常に危険を回避する判断や行動をできるよう備えておきたい。

テント内で火気を使用する際の注意点

- □ テントのベンチレーションを開放して換気を常に行う
- □ 頻繁に空気の入れ替えを行って、テント内の空気をリフレッシュさせる
- □ 一酸化炭素警報機を複数用意する
- □ ストーブ、暖房の近くに可燃物やガス缶、燃料などを置かない、近づけない
- □ 就寝前に火気を消火する
- □ 初期消火できる水や簡易消火器、消火器スプレーなどを用意する

冬キャンプの事故例

- □ 薪ストーブの近くに置いてあった可燃物（ダンボール）に引火して火事になった
- □ ストーブの近くに置いてあったガス缶が破裂して火事になった
- □ 湯たんぽの栓をしたまま加熱して、空気膨張により破裂した
- □ 幕内のストーブ使用により、子どもが一酸化炭素中毒になって救急搬送された
- □ 幕内ストーブの換気不足によるめまい、頭痛と吐き気などの一酸化炭素中毒症状
- □ 湯たんぽの熱湯でやけど。湯たんぽ、電気毛布や電気カーペットの長時間使用による低温やけど
- □ 泥酔状態での就寝による凍死
- □ 凍った地面で足を滑らせて転倒、骨折

簡易消火器

【結露&夜露・朝露対策】
寒暖差が大きい北海道はどの季節も結露になりやすい

外気温の温度差が大きく、朝や夜に冷えこむ春秋には結露がおきやすい。テント周りを歩いていると、草に付いた露で靴や靴下がぬれてしまう。そのため雨予報ではなくても、長靴や予備靴を持参する人もいるほどだ。靴なら長靴で解決できるのだが、面倒なのはテントやタープ。雨に当たったわけでもないのに、テントやタープに水滴がつき、乾燥撤収が難しいと嘆く声も多い。

キャンプ場でテントや靴がぬれて困った経験がある人は約8割

キャンプ中に結露で困った経験があるかを質問したところ、約80％が「経験あり」と回答した。結露したがその対策をしていたと回答した人9％も含めると、結露を経験した人は90％近い。「キャンプ中に結露で困った経験がない」の11％を大きく上回った。

キャンプ中の結露問題

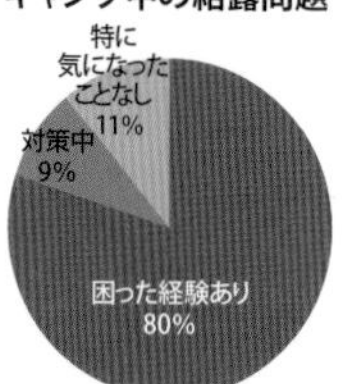

結露の原因は「温度差」

湿度が80％と高くても、気温差が3度程度なら結露は起きない。しかし、気温差が10度を超えると、湿度は50％でも結露は起きてしまう。つまり、北海道のように日中が暖かくなっても朝晩に冷え込む地域では、湿度がそれほど高くない日でも結露が発生しやすいのだ。テントの外側だけではなく、テントの内側に発生する結露は、なかなか手ごわい。北海道キャンプをより快適に楽しむためには、結露対策をぜひおさえておいてほしいのだ。

撥水力アップで弾かせる

テントの撥水力を高めるために、撥水スプレーを念入りに掛けておくのも方法のひとつ。(※すでに撥水加工されているテントについては不要)撥水性が良いテントはスルスルと水を弾き、テントをほうきなどでたたくと気持ちが良いほど滑り落ちてくれる。撥水効果は徐々に落ちるので、シーズンごとにスプレーをかけ直したり、クリーニングなどで撥水加工を施すなどのメンテナンスで効果を高めることができる。

目指せ「乾燥撤収」

地面に接地している部分や日にあたっていない部分は乾きにくいため、撤収直前ではなく、できるだけ早い時間に軽く拭き取っておくと自然乾燥が期待できる。ドーム型テントなら、スカート部分を乾かすためにひっくり返して乾燥させる人もいる。

なぜ結露対策が必要なのか乾燥が大事な理由

テントを長期間、水分が残った状態で保管してしまうと、カビや加水分解を発生させてしまう原因になる。加水分解とは、化学物質が水分と反応して分解を起こしてしまう現象のこと。加水分解すると撥水性は低下し、さらには生地がベタつき、匂いの原因にもなる。テントにコーティングされた防水、撥水性が低下し生地が劣化してしまうのだ。大事なテントを長く使うためには、キャンプで使用後はしっかりと乾燥させて、湿気がなく通気性の良い場所で保管したい。

テント内の結露を減らすにはTC素材が最強

冬キャンプではストーブを使うと、幕内外の温度差が20℃以上になることもある。そのため、冬キャンプでは「結露は永遠の課題」という人もいるほどだ。

通年でキャンプをしていて、これまでテントを10種類ほど使ってきた筆者が痛感したのは、TC素材が結露対策に有効だということ。TC素材以外のテントを使用したときに、天井一面に水滴が付き、雨が降ったかと思うほどになったこともあった。幕内に水滴がいっぱい付いている状況になると、快適とはほど遠い。一度ぬれると乾かすのには手間がかかるTC素材ではあるが、キャンプ中に結露で悩んでいる人こそTC素材のテントを使用してほしい。

おすすめ結露対策アイテム

- □ 撥水スプレー
- □ ほうき
- □ サーキュレーター
- □ セームタオル(吸水性の高いタオル)
- □ マイクロファイバーのタオル
- □ 長靴
- □ ぬれたときの替えの靴、靴下
- □ TC(ポリエステルと綿の混紡)素材のテントやタープ

アンケートで寄せられた北海道キャンパーの結露対策

- ☑ TC素材のテントを使用する(通気性が高い生地のテント)
- ☑ ダブルウォールのテントを使用する
- ☑ タープの張り方を工夫する(過保護張り、小川張り)
- ☑ サーキュレーターで空気を循環させて温度差を作らないようにする
- ☑ テント内を温めすぎず外気温との差を大きくしない
- ☑ 撤収前にほうきで幕を叩いて水滴を落とす
- ☑ 吸水性の高いタオルで拭き取る
- ☑ 日なたへ移動させたり、テントを裏返して天日干しする
- ☑ サーキュレーターで風を当てて乾かす
- ☑ ストーブを使用してテント内の温度を上げ、乾燥させる
- ☑ 天気が良ければチェックアウト時間を延長させて、日干ししてから撤収する

【野生動物対策】動物があなたのサイトを狙っている

テントは閉め切っていたのに…

キツネやカラスなどの被害が多発しているキャンプ場は、キャンプ場利用者に注意を呼びかけている。利用者も被害に遭わないよう気をつけて過ごしているのだが、それでも被害に遭ってしまう。大半は寝ている間の被害だが、明るい時間に目の前で持ち去られたという被害もあった。

匂いを出さないようにゴミや食材は密閉状態に

対策で多く回答があったのは、「匂いを残さないこと」。食べ残しを出さない、使い終わったあとの食器を洗う、生ゴミはチャックがついた密閉袋に重ねてしまうなどの対策が報告された。しかし、段ボールごと持っていく、クーラーバッグをかじってやぶこうとする、コンテナのふたを開けられたというケースもあった。未開封のお菓子袋を狙うようなこともあり、匂いを感じない密閉状態であっても被害にあうこともあるのだ。

被害体験談が多数寄せられた

「キャンプ中に野生動物の被害に遭った経験がある」40％、「身近で被害経験あり」12％を合わせると、被害経験がないと答えた人48％を超える回答結果になった。北海道キャンパーのリアルな被害談を紹介する。

野生動物の被害

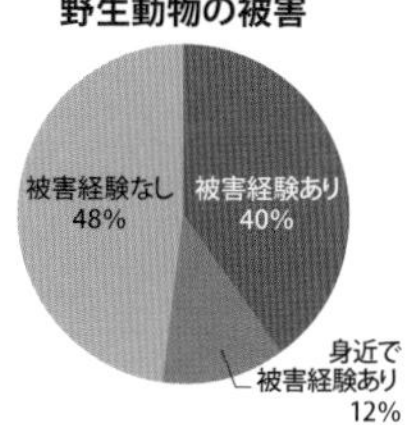

アンケートで寄せられた被害者事例

- ☑ テントスカートの隙間からテント内に侵入された
- ☑ 寝ている間に侵入され、テント内に足跡が残っていた
- ☑ 就寝中に、キツネに踏まれて起こされた
- ☑ 就寝中に、テンに指をかまれた
- ☑ 鹿にテントをつつかれて、穴があいた
- ☑ スパイスボックスの中からマヨネーズを持っていかれた
- ☑ フルクローズしていたテント内から、パスタの袋を持ち去られた
- ☑ ドッグフードを持ち去られた
- ☑ ダンボールごとテント外に引っ張り出して、食材を荒らされた
- ☑ 目を離したすきに、未開封のお菓子袋を持ち去られた
- ☑ 翌朝分の朝食を夜の間に、すべて持っていかれた
- ☑ ホッケ1枚を持っていかれた
- ☑ 焼いている途中の餃子をキツネに持っていかれた
- ☑ 電源サイトで携帯の充電コードを切断された
- ☑ ハンマーに付けていた紐をかじられた
- ☑ ゴミ袋を持っていかれて、キャンプ場内にゴミをバラまかれた
- ☑ サンダル片方とウエットティッシュを持っていかれた
- ☑ 2日連続、違うキャンプ場でキツネに革手袋を持っていかれた

ゴミと食材だけではない キツネは革手持ち去り常習犯

さらには食材だけではなく、テントや電源コードをかじられた、化粧ポーチごと持っていかれたというエピソードもあった。さらに多かったのは、焚き火などで使う革製のグローブを持ち去られたという事例。靴やサンダルを持ち去られたという人もいた。革の匂いを好む野生動物の習性があるそうだ。そのため、オイルを染み込ませて革の匂いを消すという対策をしている人もいた。食べ物とゴミに気をつけるだけでは、不十分なのだ。

出没確率が高い場所を避ける

すでにゴミ荒らし被害が多発しているキャンプ場なら、おそらく高確率で自分のサイトも狙われる。人に慣れてしまっているので、明るい時間で人が近くにいても、隙があればテントから何かを持ち去ろうという動きをしている動物さえいる。ソロキャンプなら、近くの温泉へ行くにもトイレへ行くにも安心してサイトを離れられない。落ち着いてキャンプが楽しめないなら、そのような場所を選ばないことも必要かもしれない。

アンケートで寄せられた北海道キャンパーの対策

就寝時は車内保管かハード系のボックスに厳重保管
ゴミや食材、大事なものは野生動物に狙われない状態にすること。頑丈なコンテナや車に入れるなどの対策はしておきたい。テントの中まで侵入されることも想定して対策することが大事だ。

- □ ふた付きで、密閉できるハードタイプのボックス、コンテナに入れる
- □ 車に入れて保管する
- □ 食器を洗う、匂いを残さない、チャック付きの密閉袋を使う
- □ 食材を残さず食べきる、ゴミを出さない工夫をする
- □ センサーライトを付けたり、自分の目でも見張る
- □ 獣避け線香を活用する
- □ 食材以外にも、靴、手袋なども収納する

一人の対策では不十分

自分は対策万全で被害がなくても、近くのサイトで食べ物やゴミが荒らされていたらどうだろう。逆に自分が被害にあうことで、周りのサイトに迷惑をかけてしまう。しかも、おいしい食材にありついた野生動物は、そのことを学習して他のキャンパーを狙うことになるのだ。

北海道に生息する野生動物は、ヒグマ、エゾシカ、キタキツネ、カラス、エゾユキウサギ、エゾリス、アライグマ……、出逢えたらうれしい気分になる可愛らしい動物もいるが、当然のことながら、餌付けは決してしてはいけない。自分だけが良ければOKではなく、周りや後に利用する人のためにも、万全な対策を一人ひとりが実行することが大事だ。

【雨キャンプ対策】
少しの雨なら「雨キャンプ」も楽しい!

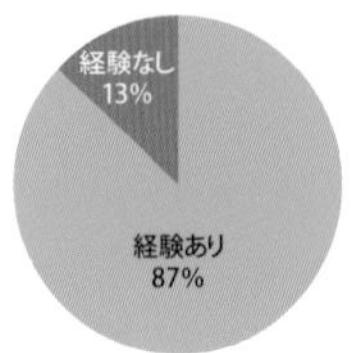

雨予報でもキャンプへ行く?

キャンセルする 18%
ひどくなければ行く 29%
予約しているから行く 15%
2日目が晴れるなら行く 38%

天気予報の何を一番気にする

キャンプ前日の天気 6.1%
撤収日の天気 16.2%
雨量 44.4%
風速 33.3%

「雨キャンプの経験がある」と答えた北海道キャンパーは87%

1泊2日のキャンプの場合、2日間のうちどちらかの日に雨が降る確率は思っている以上に高い。雨キャンプ経験があるか質問したところ、9割近い人が「ある」と回答。事前に雨予報であることを知りながらキャンプに出かける人もいるが、曇り予報であっても突然雨が降ることもあるため、キャンプ場で雨に当たる可能性は必然的に高くなる。

雨キャンプで「事前にキャンセルする」と答えたのは18%

事前に雨予報を知っていても、「ひどくなければ行く」29%、「2日目が晴れるなら行く」38%、「予約しているから行く」15%という回答が多くを占め、雨が予想されていてもキャンプ場へ向かうと答えた人が全体の8割を超えた。その理由は、雨キャンプの過ごし方アンケート結果からも明らかになった。

経験したことがないことに挑戦するのは、ある意味「冒険」

グループキャンプ中に大雨に遭い、テントの中で大勢で過ごしたワクワクする気持ちは、今でも記憶に残っている。サイトによっては、ギアがドロドロになり片付けはいつもの倍以上の時間がかかるかもしれない。天気が良い日よりも、疲労度も高くなる。それでも雨キャンプへ出かけるのは、体験者にしかわからない楽しみがあるからだ。

雨キャンプの経験を積むことで、スキルアップすることができる。事前の準備や知恵をつかって天候の変化にも対応できる自信が付けば、気持ちにゆとりをもってキャンプ時間を思いっきり楽しめるようになるのだ。悪天候の中のアウトドアを推奨するわけではないが、雨量が少なめ、雨が降る時間が短めの日から挑戦してみよう。

雨の日は、雨の日にしかない楽しみがある

アウトドアの醍醐味の一つは"自然を感じること"。晴れわたった青空や星空も良いが、雨の日にしかない魅力を五感をつかって感じてみよう。雨のしずくをまといつやつやとした葉は、いつも以上に緑が濃く見えるかもしれない。雨が上がった後に、雲の切れ間から青空を見つけたときのうれしい気持ちや、虹を見たときに湧き上がってくる幸せな感情は、晴れの日には出会えないもの。森の中で感じる澄んだ空気と雨の匂い、周りの音をかき消す雨音を聞きながら、日頃の生活で何気なく通り過ぎている小さな出来事に目を向けると、心が癒やされていく感覚が味わえるかもしれない。

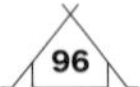

達人キャンパーの雨キャンプ対策

これから紹介するキャンプスキルや便利な道具があれば、雨の日のキャンプも楽しいと思えるかもしれない。雨キャンプを楽しんでいる達人のアイデアから学び、キャンプの幅を広げてみよう!

①雨の影響を受けにくいキャンプ場&サイト選び

増水の危険が迫る川があるキャンプ場を避けたり、少しでも危険を感じるサイトであれば、場所を変更する。土サイトは、テントや道具に泥がつくので雨キャンプには不向き。芝や石のサイトは比較的水はけが良く、大雨でなければギアが汚れにくく快適だ。車が横付けできるサイトなら、荷物の積み下ろしのときにも雨の影響を受けにくい。

②防水効果があるテントやタープを使う

雨もりするテントだと、落ち着いてキャンプを楽しむことができない。テントは防水加工、シーム処理(防水性を高める縫い目の処理)がされているものを使用する。TC素材(ポリエステルと綿の混紡)は、生地が水を含んで膨張するため雨もりの心配は少ない。雨対策はギア選びが重要。耐水圧や撥水性に優れたテントやタープ、TC素材のテントを用意しよう。

③設営順番を工夫・ギアも最小限に減らそう

最初にテントやタープを設営すれば、かさ代わりになるので野外にいてもそれほど雨に当たらずに過ごすことができる。雨が降っていると、テント外に出せないギアを、テントの中に常に収納することになる。テント内の活動スペースを広くするためにも、必要最小限の荷物に減らすことを心がけよう。

④ガイロープを使って雨水を地面に誘導する

ガイロープでテントをピンと張った状態で設営する。少しでもたるんでいるとその窪みに雨が溜まってしまい、テントやタープが、雨水の重さに耐えきれなくなる可能性がある。ガイロープを伝わせてうまく地面に雨が流れ落ちるよう、タープのある一点を下げ、テントに窪みができないように、テンションをかけよう。それでも溜まってしまう雨水を、時々落とすことも忘れてはいけない。雨の日は地面がゆるくなるので、長めのペグがおすすめ。ペグにもゆるみがないかチェックしよう。

⑤冷え対策を万全に

雨の日は、ぬれた衣類などから体が冷える。一度冷えた体は、回復に時間がかかるので、防水耐久性に優れたゴアテックスなどの衣類やレインウエアを着るといい。いつもより着替えや防寒着を多く用意したり、温泉施設やコテージ・バンガローを活用したり、ストーブを持参したりして、体温維持・回復ができるように準備しておきたい。

雨水は、ガイロープを伝わせてうまく地面に雨が流れ落ちるようにする

コンテナを直接地面におかず、ラックにのせると浸水の心配がない。泥汚れも防ぐことができるので便利だ。

用意して良かったアイテム&プチアイデア

- □ タープ
- □ 傘
- □ 長靴
- □ 雑巾
- □ 大きい袋
- □ 吸水性の高いタオル
- □ 水を吸い取るモップ
- □ レインウエア
- □ 着替え
- □ 防寒着
- □ 地面に置いてもぬれないよう底上げできるラック類(台)
- □ テント内で遊べる遊び道具(カードゲーム、ボードゲーム、本など)

プロジェクターなどを用意し、
いつもと違うイベントを企画すると楽しみもさらに広がる。

【キャンプの風対策】
キャンプの大敵は「雨」ではなく「風」?!

強風で困ったことはある?

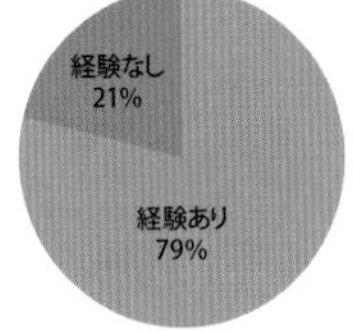

「キャンプ中に風が強くて困った経験がある」79%

天気予報を確認するとき、普段の生活で注目するのは、“雨が降るか降らないか”、“最高気温や最低気温は何度か”。しかしキャンプを計画しているときに、さらにチェックしてほしいことがある。それが「風速」だ。

「過去のキャンプで風が強くて困った経験があるか」と質問したところ、79%もの人が「経験がある」と回答した。「台風ではないし、雨もそれほどではないから大丈夫でしょう」と甘く見てしまうと大惨事に遭うかもしれない。

テントのポールが複雑骨折!?

「テントのポールが折れた、フレームが歪んでしまった」「複数カ所、ポールが折れてしまって使用不能になった」

どのテントもポールが支えとなり、幕をピンと張らせる仕組みになっている。そのポールが幕を支えたり、たわんだりしなければ、テントの形状は維持できない。大型テントが強風を受け、生地の縫い目からさけてしまったという事例もある。その場で補修することが難しいため、テントやタープが壊れてしまうとキャンプが続けられず、撤収せざるを得ない状況になってしまうのだ。

風速10m/sの風とは?ペグが風で飛んできた!?

気象庁が解説する風速10m/sの目安は「樹木全体が揺れる、傘がさせない」。この言葉からも、テントやタープは倒壊する可能性が高いことがわかる。一瞬だけなら耐えられたとしても、強い風が続いた場合、安心してテントやタープの中で過ごすことは難しい。風の力に耐えきれなくなったペグが抜け、その瞬間に勢いよく遠くまで飛んだという回答もあった。ペグが飛んできてテントに刺さったり、人に向かってきたりすることを想像すると非常に恐ろしい。自分が風対策をしていても、被害に遭う可能性があることを忘れてはいけない。

キャンプ中止の判断は「雨」より「風」

雨キャンプには、雨の日ならではの魅力がある。しかし、風が強い日のキャンプは、大事なテントやタープが一瞬にして壊れるリスクもある。気象庁によると「瞬間風速」は、風速の1.5倍～3倍程度に達することがあると解説している。つまり風速10m/s予報のときに、瞬間最大風速15メートル～30メートルもの突風が吹く可能性があることになる。

あなたのテントやタープはそれだけの強い突風にも耐えられる自信はあるだろうか。暴風の中でのキャンプ経験や、風が原因でギアを壊してしまった経験がある人は、風の怖さを知っているので、延期や中止という賢明な判断ができるのかもしれない。

北海道は風が強い日が多い!?地形による「特有の風」にも注意

低気圧と高気圧が入れ替わる春と、西高東低の気圧配置で北からの風が強まる冬。季節風の影響を受けやすい北海道の日本海側は全国的にも風が強く吹く日が多い。都市部札幌でも、最大風速10m/s以上の日数が全国的にも上位であるというデータがある。

風が強い日は焚き火を控えて

焚き火エリアを指定し、強風の場合は営業中止するキャンプ場もある。風が強いと自分だけではなく周りにあるテントやタープに火の粉で穴を空けてしまったり、さらには草木に延焼して山火事になる可能性もある。安全にキャンプするためにも、風が強い日は焚き火を諦めることが大事だ。

達人キャンパーの風キャンプ対策

天気予報ではわかりにくい、地形による特有の強い風があることを知っておくことが大切。いざというときの突風に備えて、これから紹介する風対策を参考に、できる限りの予防に努めよう!

①風の強い日はキャンプを延期や中止にする

②強風が起きやすい地形のキャンプ場を選ばない

防風林の役割を果たしてくれる林間サイトを選ぶ

③ガイロープは全てペグダウンし、テントをシワなくきれいに張る

たるみは風にあおられて音が出る原因にもなる

④長いペグを使用し、ペグのゆるみがないか定期的に点検する

⑤風の影響を受けにくい形状のテントを使用する

大型テントほど、風を受ける表面積は大きくなる。コンパクトで風に強い山岳用テントがおすすめ。

⑥風で飛ばされやすい収納袋やゴミなどの管理を徹底する

1日を通して穏やかな日は少ない「海辺サイト」

海の景色が楽しめる海岸沿いのキャンプ場は、北海道では利用できる時期も短く、開設期の週末は多くの利用客でにぎわっている。しかし、陸と海の温度差の影響で発生する「海陸風」には注意が必要だ。陸と海の温度差が大きくなると、昼間は「海からの海風」、夜間は「海へ向かって陸風」が発生する。晴天の日ほど気温差が大きくなるため、風が強くなることを覚悟して備えよう。

天候の変化も起きやすい「高台や高原サイト」

日高地方には、山脈を越えて乾燥した強風が吹きおろす“十勝風”、“日高おろし”と呼ばれる風がある。他の地域でも同じように山々に囲まれた谷や高台にあるキャンプ場は、気温差によって発生する「谷風」と「山風」が起こりやすい。標高が高い場所は、平地よりも天候の変化も大きいので十分に気をつけてほしい。

【虫避け対策】キャンプ中の有効な虫除け

正しい対処法を知っておこう

春から秋に発生する虫。虫とりに熱中する子どもたちが喜ぶクワガタやカブトムシ、めったに出会えないホタルやオニヤンマ、アゲハチョウなら大歓迎なのだが、刺されて腫れるブヨや蚊、アブは少しでも避けたい。さらに気をつけてほしいのがハチやマダニだ。

虫は何に寄ってくるのか

蚊は、人の汗の匂いや体温、二酸化炭素を感知して寄ってくるので、蚊が嫌な匂いや煙で撃退しよう。虫には、集光する習性があるので、テントから離れた場所に明るい光量のランタンを置き、その明かりに引き寄せられることで自分たちのところに来ないようにする作戦も有効だ。

「オニヤンマレプリカ」がブームに

オニヤンマのレプリカが釣り人、登山者、キャンパーの間で注目された。効果の実感には個人差があるようだが、オニヤンマの捕食関係にある虫が、本物のオニヤンマと間違えて寄ってこなくなる「虫除け効果」があるという。オニヤンマが何十匹と飛んでいたキャンプ場では、リアルオニヤンマの効果なのか、全くアブの姿は見られなかった。虫を退治するという発想ではなく、寄せ付けないという発想で生まれたアイテム。効果があるのかを検証しながら使ってみる楽しさも相まってブームになった。気になる人は、ぜひお試しを。

お気に入りの「蚊取り線香ホルダー」で夏を楽しむ

火が付いた蚊取り線香を無造作に置いておくと、触れてやけどをしたり、火災を起こしたりする危険もある。そのような理由もあり、蚊取り線香専用のスタンドやホルダーを使う人が増加。ランタンスタンドのようなおしゃれなギアも発売され、人気が高い。夏に必需品の蚊取り線香も、自分好みのアイテムで楽しんでみよう。

MUKU-MO
「Iron Mosquito coil Stand」

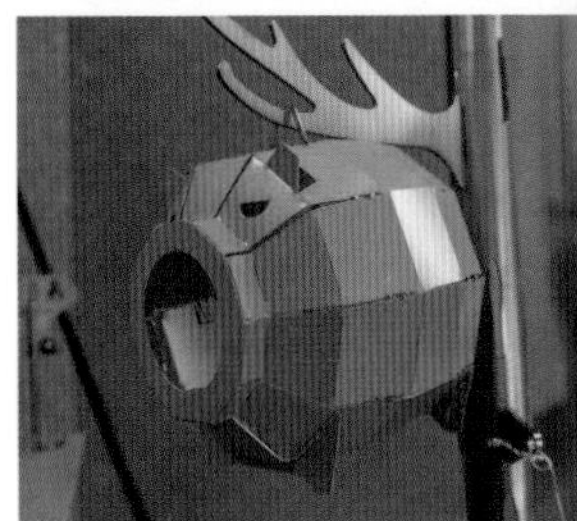

TRIPATH PRODUCTS「KAYARI」
（限定カラー）

準備しておきたい虫除け＆便利アイテム

- □ 蚊取り線香
- □ 虫除けスプレー、ハッカ油、アロマオイル
- □ 長袖、長ズボン
- □ タオル、手袋、帽子
- □ メッシュ付きのテントやタープ
- □ ポイズンリムーバー

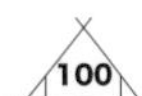

焚き火は虫よけ効果あり

焚き火を始めたあとに、焚き火の煙によって虫が減るのを実感したことはないだろうか。蚊取り線香は虫が嫌がる煙を発生させる。焚き火の暖かさに寄ってくる虫も一部いるが、焚き火の周りにいると蚊の数は減るので、発生しやすい朝晩の時間帯に焚き火をするのは有効だ。

マダニにかまれたら無理にとらずに医師の診察を

マダニは動物の血を餌にしている虫。野生動物が多く出没する環境によく生息している。活動が活発になるのは、3月から11月。草木が多く茂るキャンプ場で長時間過ごすなら気をつけなければいけない。

実は筆者はキャンプ場で過ごしている間にマダニにかまれ、救急病院で切開して除去してもらった経験がある。体についたことに気づかずに放置してしまうと、マダニは柔らかい皮膚を探して頭を潜り込ませる。かまれた時に痛みを感じないことから、気づかずに発見が遅れてしまった。無理に取ろうとするとマダニの体が体内に残り、重篤な症状を引き起こす感染症にかかる可能性があるので、かまれたことに気づいたら無理に取ろうとせずに、病院で適切な処置を受けてほしい。

予防と対策をしよう

①虫が多く生息する場所や時期をなるべく避ける（水辺や林間、真夏など）
②虫が寄ってくる黒い服装を避ける
③首にタオル、頭には帽子、手には手袋、長袖長ズボンで肌の露出を減らす
④虫がつきにくいツルツルした素材の衣類を着用する
⑤虫が嫌がる煙や匂いで寄せ付けない
⑥集光性の習性を利用して、遠くに虫を寄せる
⑦虫が入って来ないテントやタープを用意する

【防災スキルにもなる対策法】
炊事場なしでもキャンプはできる!

水なしスキルがあればキャンプ場の選択肢が広がるチャンス

「炊事場なしのキャンプ場は選択肢に入れられない」という声がある一方で、「ロケーションが良ければ炊事場がなくてもキャンプができる」という人もいる。北海道のキャンプ場には、炊事場があっても、湧き水や地下水のため、飲料水は持参というキャンプ場や、冬季は水道の凍結防止により使用ができないというキャンプ場も多い。

つまり、キャンプ場の炊事場を使用せずにキャンプするスキルを身につけると、今まで選択肢から外れていたサイトやキャンプ場が利用可能に。多くの人が利用を避けるため穴場が選べるようになり、究極のキャンプを堪能するチャンスにつながるかもしれないのだ。

炊事場が遠い場合や寒い季節にも役立つ

水を使用するタイミングは、調理、後片付け、洗面・歯磨き、手洗い。災害時に役立つ便利アイテムが増え、水を使わずに歯磨きや洗面ができる商品も市販されている。また、排水できる場所があるなら、水をくんでおけるポリタンクやウォータージャグ、ボトルがあれば、問題なく過ごすことができる。炊事場から遠い場所を選べるようになると、サイトの混雑回避にも繋がるかもしれない。

洗い物を極力出さない調理方法

家で食材をカットして持っていくと、包丁とまな板は不要になるから、洗い物が減らせる。牛乳パックを開きまな板代わりにして、調理使用後はそのまま廃棄。使い捨てはエコではないが、紙皿、紙コップを使用すると洗い物は出ない。食器を使用した場合も、食器についた汚れを拭き取り、そのまま家に持ち帰って洗えば、炊事場がなくても調理や食事はできる。

防災スキルアップにつながる

使用するフライパンにはアルミホイルを敷き、皿やコップにあらかじめラップを付けて、使用後は汚れと一緒に捨てる。そうすることで食器洗いの手間を軽減することが可能。この話をどこかで見たり、聞いたりしたことはないだろうか。限られた水で生活する、まさに災害時に役立つ知恵なのだ。

キャンプ飯メニューを賢く決める

食器や調理用具の汚れをなるべく出さないメニュー選びも大事。お湯を注ぐだけで食べられる食品、湯煎だけで温めて食べられるレトルト食品は洗い物を少なくする。米を研ぐ必要がない無洗米もキャンプでは重宝する。

最小限の水で調理も片付けも可能な非常食向けの食品も多く販売されている。どのような食品が災害時に役立つのかを知ることができる良い機会にもなる。非常食として購入し、消費期限を定期的にチェックしながら、キャンプで試してみることがおすすめだ。

キャンパーの間で大人気！拭き取るだけできれいにエコキッチンクリーナー

天然由来の成分で、おもちゃなどの除菌消臭にも使われる洗剤。驚くほど油汚れが取れるのに、洗い流す必要がないという優れもの。冬キャンプする人の間でもよく利用されるが、実際は冬キャンプ以外にも、洗い物の手間を減らすために通年で利用している人も多くいる。

揃えておくと非常時に役立つ便利アイテム

- □ 無洗米
- □ エコキッチンクリーナー
- □ アルミホイル、ラップ
- □ キッチンペーパー、ウエットティッシュ
- □ 紙コップ、紙皿、わりばし
- □ 歯磨きシート
- □ ボディシート
- □ ウォータージャグ

炊事場施設がない場所でのキャンプ経験は一度しておくと、新たな課題に気づいたり、防災のスキルアップにつながる。防災の観点からも、限られた水で過ごす野外活動は、自信がつく良い経験になるだろう。

北海道キャンプ場の選び方と最新の予約事情

ここ数年で予約制のキャンプ場が激増

コロナ禍をきっかけに、予約不要で利用できたキャンプ場で入場制限が設けられるようになった。満場により入場できないという課題を解消するために、受け入れ数を決めて事前予約制になった人気のキャンプ場も複数ある。近隣に別のキャンプ場があって移動できればよいが、予約なしで来場して、入場できなかったら大変だ。

キャンプイベント開催や団体予約による貸切もあり

時々SNSで見かけるキャンプ場でのイベント開催の告知。イベント参加も予約制のところが多い。普段予約不要で利用できるキャンプ場がイベントにより、事前申し込みが必要になる場合もある。予約不要の場所であっても、イベント開催日となると、いつもとは違うルールになるので、事前に営業情報はチェックしておこう。

近年予約制になったキャンプ場

- □ 千歳市モラップキャンプ場
- □ 千歳市美笛キャンプ場
- □ 安平町鹿公園キャンプ場
- □ 安平町ときわキャンプ場
- □ 中札内村札内川園地キャンプ場
- □ 白老町ポロトの森キャンプ場
- □ 赤井川村AKAIGAWA TOMO PLAY PARK
- □ 安平町ファミリーパーク追分キャンプ場※夏季のみ予約制
- □ 弟子屈町　RECAMP砂湯、和琴、摩周

キャンプ場公式SNSアカウントの誕生

かつては最新情報が得られるのは、公式HPだけというキャンプ場ばかりだったが、ここ数年でTwitterやInstagram、FacebookなどのSNSの公式アカウントやLINE公式アカウントがあるキャンプ場も民営キャンプ場を中心に増えてきた。予約状況やその日の天候、混み具合なども細やかに発信している。先着順のキャンプ場については満場を伝えたり、天候不良による閉場などのアナウンスもあるので、利用予定のキャンプ場の最新情報の把握のためにも、ぜひフォローしておきたい。

ポイント

天気次第でキャンプ場を決めたいなら予約不要キャンプ場も便利！

GWや夏休み、お盆やシルバーウィークなどの連休は、旅行の計画を組めるように予約する人が多く、人気のキャンプ場では予約が殺到する。しかし、予約当日は、天気が良いとは限らない。北海道の場合は、キャンプ場数が多く、地域によって天気が異なる場合もある。天気を優先したいなら、多少混み合うが、直前でも予約が取れる場所や予約不要のキャンプ場を選んでみよう。

キャンプ場の多様化が進んでいる

近年、北海道には多くのキャンプ場が新設され、多様性が広がっている。あなたにとってのキャンプ場選びの優先順位は何だろう。数多くのキャンプ場がある北海道だからこそ、自分の好みの場所を選ぶ楽しさもある。天気や季節によっても印象が異なるので、ぜひ色々な地域のキャンプ場へ行って北海道を満喫してほしい。

キャンプ場選びのポイントは人ぞれぞれ

- □ ロケーション
- □ 1区画のサイトの広さ
- □ オートキャンプができる
- □ 電源利用ができる
- □ ペット同伴可
- □ 施設の充実・快適性
- □ バンガローやコテージ泊ができる
- □ 遊具などのアクティビティがある
- □ 宿泊料金
- □ 予約制か予約不要か
- □ 天気が良い場所
- □ 混雑状況
- □ 家からの距離、アクセス

第４章

手軽でおいしい！絶品キャンプ飯

お弁当&フードコーディネーターの舛田悠紀子さんは、「家族に食べさせたい、優しい家庭料理」をコンセプトに、料理教室、カフェのメニュー開発のほか、北海道新聞のwebメディア「ママトーク」で「子どもが喜ぶ簡単キャンプレシピ」を連載しています。夫でフォトグラファーの中嶋史治さんとともに年間50泊もキャンプに出かけるという舛田さんに、手軽につくれておいしいアウトドアごはんの作り方を教えてもらいました。

あさりの白ワイン蒸し

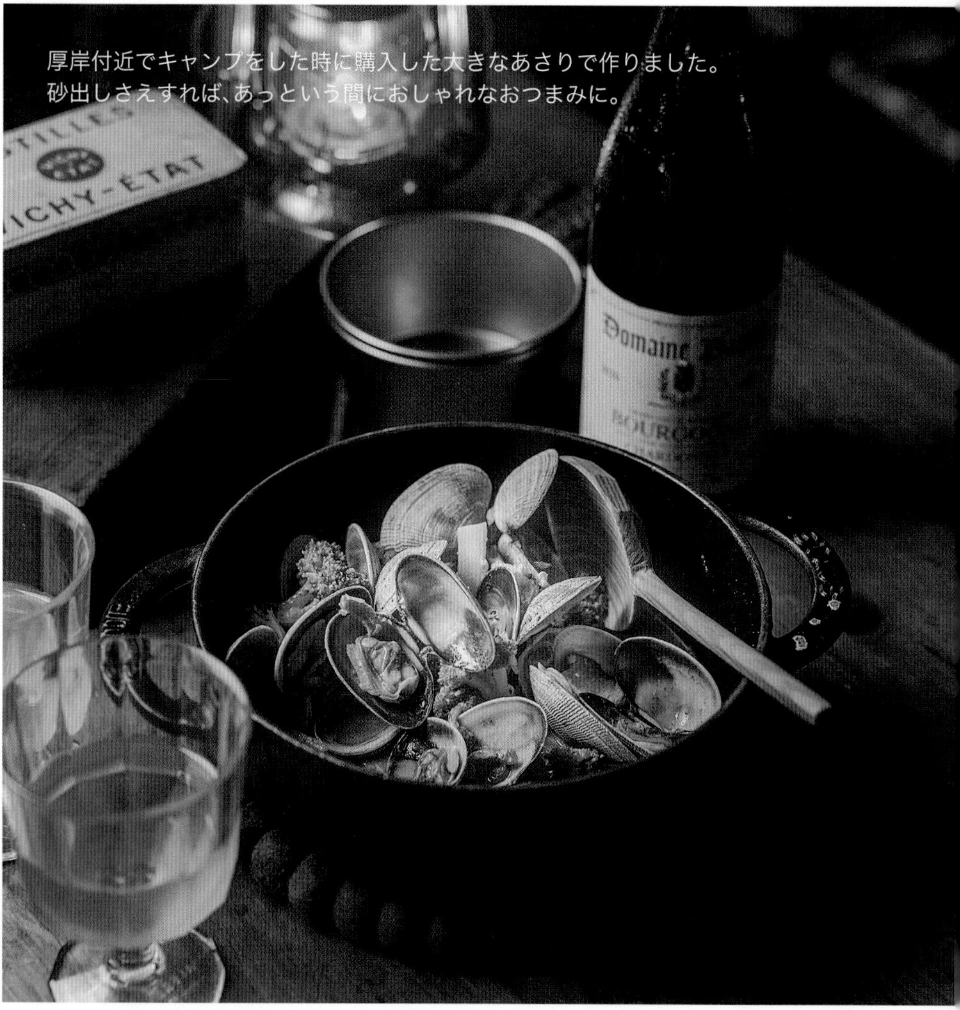

厚岸付近でキャンプをした時に購入した大きなあさりで作りました。
砂出しさえすれば、あっという間におしゃれなおつまみに。
VICHY-ÉTAT
Domaine
BOURG

■作りやすい分量(2人分程度)

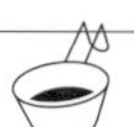

- あさり……300g程度
- ブロッコリー……1/2株
- ベーコン……30g
- 白ワイン……50cc
- ニンニクチューブ……小さじ1
- オリーブオイル……大さじ2
- 塩、コショウ……適量

■作り方

❶ あさりは塩水で1時間以上砂出ししておく。

❷ フライパンにオリーブオイルとニンニクを入れ、ベーコンを炒める。

❸ こんがり炒めたら、あさりを入れてさっと炒める。

❹ ブロッコリーと白ワインを加えて蓋(なければアルミホイル)をしてあさりの殻が開くまで蒸し煮する。

❺ 塩、コショウで味を整える。

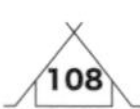

いくらと鮭の親子丼

自家製いくら醤油漬けと鮭フレークを持参して、いくらと鮭で親子丼…。
北海道ならではの豪華キャンプ飯。
いくらの醤油漬けは各ご家庭それぞれですが、参考までに我が家の作り方を。

■作りやすい分量

・生筋子……1腹(300g程度)
・だし汁……80cc
・みりん……大さじ1
・醤油……大さじ1
・液体塩麹……大さじ1
・塩……小さじ1
・鷹の爪……1本
・鮭フレーク……適量

■作り方

❶ だし汁にみりん、塩を入れてひと煮立ちさせて冷まし、醤油と液体塩麹を加える。

❷ 生筋子はたっぷりの塩を入れた80度程度の熱いお湯に入れ、箸でぐるぐるとかき混ぜ、筋を取り除いていき、湯を捨てる。

❸ 2回目以降はぬるま湯で。浮いてくる筋や皮をお湯ごとそっと捨てながら、ぬるま湯が綺麗になるまで5回ほど洗う。

❹ ざるに上げて水を切る。

❺ ❹を❶に入れ、種を取った鷹の爪を入れ冷蔵庫で漬ける。鷹の爪は一晩たったら取り除く。

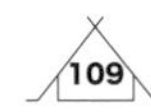

かぼちゃのドフィノワ風

ドフィノワとはジャガイモと生クリームで作るグラタンで
フランスの田舎料理。
これを北海道産のおいしいかぼちゃで作りました。

■作りやすい分量(2～3人分)

・かぼちゃ……1/4個くらい
（・生クリーム……1パック
・牛乳……100cc
・ニンニクチューブ……小さじ1/2
・塩……小さじ1/2
・お好みでナツメグ……適量）

■作り方

❶ かぼちゃは7～8mmの櫛形に切ってフライパンに並べる。

❷（　）の材料を合わせて、❶に注ぎ、かぼちゃが柔らかくなるまで弱火で煮る。

カレー風味の鯖サンド

塩鯖の切り身で作る簡単鯖サンド。
カレー風味が魚臭さを抑え、食欲をそそります。

■作りやすい分量（2人分）

・塩鯖切り身（骨取りタイプがオススメ）……2切れ
・バゲット　小……1本
・お好みの野菜……適量
・マヨネーズ……大さじ3
・カレー粉……小さじ2

■作り方

❶ 鯖は1切れを3つにそぎ切りにする。
❷ ジッパー付き保存袋にマヨネーズとカレー粉を入れてよく混ぜる。
❸ 鯖を❷に入れて10分ほどマリネする。
❹ その間に野菜を用意。今回はレタスと紫玉ねぎのスライスで。
❺ バゲットの横に切れ目を入れる。
❻ 鯖を袋から取り出し、拭き取らず、そのまま両面ソテーして火を通す。
❼ バゲットに野菜とソテーした鯖を挟む。
＊バゲットをフライパンや網などでさっと温めるとよりおいしいです。

タコ飯

ぶつ切りのタコとあらかじめ刻んである小ネギを使えば、包丁も不要。
超がつくほど簡単ですが、お箸が止まらないおいしさです。

■作りやすい分量(4人分)

・米……2合　・水……320cc
・タコのぶつ切り
・めんつゆ……80cc
・刻み青ネギ……適量
・太白ごま油やサラダ油などクセのない油……小さじ2程度

■作り方

❶ 鍋やメスティンに米を入れ、水320ccで30分以上浸水させておく。
❷ ❶にめんつゆを加え、均等になるようにかき混ぜる。
❸ タコのぶつ切りをのせて、油を回しかける。
❹ 蓋をして火にかけ沸騰するまで強火にする。
❺ 沸騰したら弱火にして10分。火を止めさらに10分蒸らす。
❻ 刻みネギを加え、さっくり混ぜて完成。

＊めんつゆは4倍希釈のものを使用しています。お持ちのめんつゆに合わせ、水分量が400ccになるように調整してください。

あさりのチゲ

日中は暖かくても夜は冷え込むのが北海道。
そんな時にぴったりなのはやっぱり鍋。
たっぷりのあさりの出汁で旨味たっぷりのスープが激ウマです。

■作りやすい分量（3～4人分）

- あさり……300g程度
- 豚ひき肉……200g
- 長ネギ……1/2本
- ニラ……1束
- えのき……1パック
- ごま油……適量
- 味噌……大さじ2
- 顆粒中華スープ……大さじ1
- 水……700cc
- コチュジャン……大さじ1～2(お好みで加減してください)
- ニンニクチューブ、生姜チューブ……各小さじ1

■作り方

❶ あさりは砂出ししておく。
❷ 長ネギはみじん切りにする。
❸ ニラはざく切りにする。えのきは石づきを取ってほぐす。
❹ 鍋にごま油を熱し、ニンニク、生姜、長ネギを入れてしんなりするまで炒める。
❺ 豚ひき肉を加えて、色が変わるまで炒める。
❻ コチュジャンを加えてさっと炒める。
❼ 水、700ccを注ぎ、顆粒中華だしの半量、味噌で調味する。
❽ えのきとあさりを加える。あさりの殻が開いたら残りの中華だしで味を調整する。
❾ 仕上げにニラを加える。

バターチキンカレー

簡単なのに本格的！
キャンプで食べるカレーって、どうしてこんなにおいしいんでしょうね。

■作りやすい分量（2～3人分）

- 鶏モモ肉……1枚
- 玉ねぎ……小1個
- トマトピューレ……1瓶
- 水……200cc
- （・カレー粉……大さじ2　・ヨーグルト……100g
  - ・ニンニクすりおろし、生姜すりおろし……各1かけ分
  - ・塩……小さじ1/4）
- 顆粒コンソメ……小さじ2
- バター……大さじ2
- 牛乳……50～100cc

■作り方

❶ ジッパー付き保存袋に（　）内の材料を入れ、よく混ぜ合わせる。

❷ 鶏モモ肉を一口大に切り、❶に入れ、1時間以上漬け込む。＊ここまでを出発前に済ませるとラク。

❸ 玉ねぎをみじん切りにし、中火で10分程度色づくまで炒める。＊焦げる寸前まで炒めて水を少量入れるといい色に仕上がる。

❹ ❸にトマトピューレと水、コンソメを加える。

❺ 鶏モモ肉も漬け汁ごと加える。沸騰したら蓋をしないで20分煮込む。

❻ 仕上げにバターと牛乳を加える。

プルコギとチーズのホットサンド

タレでしっかり味付けしたプルコギと、とろーりチーズが相性抜群！
ボリュームタップリのホットサンドです。

■作りやすい分量（2人分）

・食パン（6枚切りまたは8枚切り）……4枚
・スライスチーズ（溶けるタイプ）……4枚
・牛肉切り落とし……200g
（・醤油……大さじ1　・ごま油……大さじ1
・酒……大さじ1　・味噌……大さじ1/2
・ニンニクチューブ……小さじ1
・生姜チューブ……小さじ1）

■作り方

❶ ジッパー付き保存袋に（　）の材料を全て入れ良く混ぜ、牛肉を入れて漬け込んでおく。
＊出発前にここまでやっておくとラク。

❷ フライパンで❶を炒める。火が通って水分が飛んだらOK。

❸ 食パン2枚に❷の半量、スライスチーズ2枚を挟みホットサンドメーカーでこんがり焼き色がつくまで両面焼く。

生とうもろこしで作るペッパーライス

鉄板の上で牛肉、ご飯、コーンを混ぜ合わせるペッパーライス。
簡単で見栄えも良いのでキャンプでも人気のメニューですよね。
コーンは缶詰でもお手軽ですが、
旬であれば生とうもろこしで作るとおいしさ倍増です。

■作りやすい分量(2～3人分)

・牛肉切り落とし……200g
・ご飯……1合分
・とうもろこし……1本
・お好みの焼き肉のたれ……大さじ3
・バター……20g
・刻み小ネギ……適量
・コショウ……適量
・サラダ油
・牛肉下味
 ・液体塩麹……大さじ2
 ・ニンニクチューブ……小さじ1

■作り方

❶ ジッパー付き保存袋に牛肉切落としを入れ、下味をつけて30分以上おく。(家でやっておくとラク)
❷ とうもろこしは2～3本に折って包丁で実をそぎ取る。
❸ ホットプレートやフライパンに油大さじ1を入れて熱し、とうもろこしを炒める。
❹ 火が通ったら火を止め、ご飯を置く部分を丸く空けて、中心にご飯、とうもろこし、牛肉を周りにおく。ご飯の上にバターをのせてこねぎを散らす。
❺ 火をつけて中火で全体を炒めていく。
❻ 全体がほぐれてきたら焼き肉のたれをまわしかける。
❼ 牛肉に火が通ればOK。仕上げにコショウをふる。
＊液体塩麹がなければ醤油、酒各大さじ1でもOK。

ホタテとコーンの春巻き

キャンプ場近くで購入した新鮮なホタテと採りたてのとうもろこしで作った春巻き。
マヨネーズが隠し味になっていてソースは不要です。

■材料

- ミニ春巻きの皮……6枚
- とうもろこし……1本
- 生ホタテ貝柱……5個程度
- マヨネーズ……大さじ3
- 塩・コショウ……少々
- 水溶き小麦粉……適量

■作り方

❶ とうもろこしは実をそぎ落とす。ホタテはぶつ切りにする。

❷ とうもろこしとホタテをマヨネーズで和え、塩、コショウを振る。

❸ 春巻きの皮で包み、包み終わりを水溶き小麦粉でしっかり糊付けする。

❹ フライパンに油を多めに入れて熱し、❸の春巻きの両面をこんがり揚げ焼きする。

エビとアボカドのタルタル丼

夏にオロロン街道を走りながら日本海沿いのキャンプ場を目指した時に
出会ったピカピカの甘エビ。
これを購入してキャンプ場で作った丼。
山わさびが効いてます！

■作りやすい分量(2人分)

- 炊いたご飯……1合
- 甘エビ……10～15尾程度
- アボカド……1個
- 山わさび(無ければ普通のわさび)……適量
- めんつゆ……適量
- 太白ごま油やサラダ油などクセのないオイル……適量
- レモン汁……適量

■作り方

❶ ご飯はメスティンなどで炊いておく。

❷ 甘エビは殻をむく。アボカドは皮をむいて種を取り出し、1cm角に切る。変色止めにレモン汁を振りかけておく。

❸ 甘エビとアボカドに山わさびのすりおろし、めんつゆ、オイルをかけてさっくり和える。

❹ ❸をご飯にのせる。

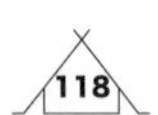

フライパンで作る焼きリンゴ

仁木町に立ち寄った際に購入したリンゴをキャンプ場でおいしいデザートに。
同じく仁木町のワイナリーのロゼワインと合わせました。

■作りやすい分量(3～4人分)

・りんご……1個
・バター……20g
・砂糖……大さじ2
・シナモンパウダー……適量
・マスカルポーネ……100g程度

■作り方

❶ りんごは四つ割りにして、芯を取り除く。
❷ さらにそれぞれを3つに切る。(全部で12切れ)
❸ フライパンにバターを入れて熱して溶かす。
❹ 一度火を止め、放射線状にりんごを並べ砂糖大さじ1を振る。
❺ 再び火をつけ中火でソテーする。
❻ 残りの砂糖大さじ1を振り、2、3分たったら裏返して蓋(なければアルミホイル)をして弱火で5分ほど蒸し焼きにする。
❼ 蓋を取りさらに何度か返しながら水分を飛ばして完成。
❽ マスカルポーネを添え、シナモンを振りかける。

＊マスカルポーネのほか、クリームチーズやホイップクリームでもおいしい。

鶏そぼろ親子丼

鶏ひき肉で簡単にできる出汁いらずの親子丼。
鶏そぼろ味で子供も喜ぶ間違いないおいしさです。

■作りやすい分量(3～4人分)

・無洗米……2合
・水……400cc
・鶏ひき肉(もも、胸、お好みで。半々でも良い)……200g程度
・水……100cc
・醤油……大さじ2
・砂糖……大さじ2
・卵……3～4個(お好みで)
・刻み青ネギ……大さじ3
・刻み海苔(お好みで)……適量

■作り方

❶ ご飯を炊く。鍋やメスティンに無洗米と水400ccを入れ、30分以上浸水させておく。
❷ そのまま強火にかけ、沸騰したら(湯気が勢いよく出て吹きこぼれそうになったら)極弱火にしてさらに10分炊く。
❸ 10分経ったら火を止めそのまま10分蒸らす。メスティンなら上下逆さまにしておくとムラなく仕上がる。蓋を開けてさっくり混ぜる。
❹ 鍋やフライパンに水100ccとひき肉、醤油、砂糖を入れて火にかける(中火)。
❺ ひき肉が固まらないように、沸騰するまで満遍なく箸でかき混ぜる。
❻ 煮汁が沸騰したら弱火にして5分煮る。
❼ 刻みネギを加え、卵を割りほぐして2回くらいに分けて回しかけ、蓋をして弱火で1分ほど蒸らす。
❽ 仕上げに刻み海苔をかけて完成。

郵 便 は が き

料金受取人払郵便

札幌中央局
承　　　認

2337

差出有効期間
2024年12月
31日まで
(切手不要)

672

(受取人)
札幌市中央区大通西3丁目6
北海道新聞社 出版センター
愛読者係
行

お名前	フリガナ	
ご住所	〒□□□-□□□□　都道府県	
電話番号	市外局番(　　　) —	年齢 / 職業
Eメールアドレス		
読書傾向	①山 ②歴史・文化 ③社会・教養 ④政治・経済 ⑤科学 ⑥芸術 ⑦建築 ⑧紀行 ⑨スポーツ ⑩料理 ⑪健康 ⑫アウトドア ⑬その他(　　　)	

ご記入いただいた個人情報は、愛読者管理と賞品発送にのみ利用いたします。

愛読者カード

本書をお買い上げくださいましてありがとうございました。内容、デザインなどについてのご感想、ご意見をホームページ「北海道新聞社の本」の本書のレビュー欄にお書き込みください。

こちらの愛読者カードをお送りいただいた方の中から希望者に抽選で、北海道内のキャンプ場の場所がひとめでわかるA1サイズの「北海道キャンプマップ」（非売品）をお送りいたします。ご希望の方は、下記に○をつけて、こちらの葉書をお送りください。裏面に記載のご住所に発送いたします。

■「北海道キャンプマップ」の発送を希望しますか。（はい　いいえ）

〈本書ならびに当社刊行物へのご意見やご希望など〉

■ご感想などを新聞やホームページなどに匿名で掲載させていただいてもよろしいですか。（はい　いいえ）

麻婆豆腐

キャンプでも本格的な麻婆豆腐が作れます。
便利なチューブタイプの豆板醤、豆豉醤、甜麺醤、この3つをぜひ用意してくださいね。

■作りやすい分量(2～3人分)

- 豆腐(絹、木綿お好みで)……1丁
- 豚ひき肉……100g程度
- 刻みネギ……大さじ3位
- 豆板醤……小さじ2　・甜麺醤……大さじ1
- 豆豉醤……小さじ2(お好みで増減)
- 水……150cc　・鶏がらスープの素……小さじ1
- 醤油……大さじ1　・酒……大さじ1
- ニンニクチューブ……小さじ1位
- 生姜チューブ……小さじ1位
- ごま油……大さじ1＋適量　・水溶き片栗粉……適量

■作り方

❶ 豆腐は好みの大きさのさいの目切りにする。
❷ フライパンにごま油を入れ、ニンニク、生姜、ネギを炒める。
❸ ひき肉を入れてよく炒め、豆板醤、甜麺醤、豆豉醤も加えて炒める。
❹ 水と鶏がらスープの素、酒、醤油を加える。
❺ ❹が沸騰したら豆腐を加え、3分ほど煮る。
❻ 仕上げに水溶き片栗粉でとろみをつけ、香りづけにごま油をさっとまわしかける。

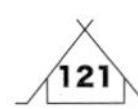

キンキのアクアパッツァ

道東キャンプの買い出しの際、地元のスーパーで特売のキンキを発見。
キャンプ飯は贅沢アクアパッツァで決まり！

■作りやすい分量（2人分）

- キンキ（小ぶり）……2匹
- あさり（砂だし済み）……200g程度
- ブロッコリー……1/2株
- ミニトマト……7～8個
- ニンニク……1かけ
- 白ワイン……50cc程度
- 水……100cc程度
- 顆粒のフュメドポワソン……1袋
- オリーブオイル……適量
- パセリ（お好みで）……適量

■作り方

❶ キンキはウロコと内臓を取り除く（お店で下処理をお願いする）。

❷ ニンニクは輪切りにスライスする。

❸ フライパンにオリーブオイルとにんにくを入れて熱し、キンキを並べる。

❹ 焼き色がついたら裏返し、周りにあさり、ブロッコリー、ミニトマトを置き、フュメドポワソンを振り入れ、白ワインと水も加え、蓋をして5分煮る。

❺ 仕上げにお好みでパセリを散らし、オリーブオイルをまわしかける。

シーフードパエリア

おうちで炊いたご飯を持って行って作るから失敗なし！
簡単に作れるのにシーフードの旨味で本格的なおいしさに。
見た目が豪華なのもうれしいですね。

■作りやすい分量（2～3人分）

・硬めに炊いたご飯……1合分
・シーフードミックス……200g
・ソーセージ……5本
・アスパラ……2本
・パプリカ　赤、黄……各1/4個
・トマトジュース……100cc
・ケチャップ……大さじ1
・固形コンソメ……1個
・ニンニクチューブ……適量

■作り方

❶ パプリカは縦1cm幅に切る。アスパラは根元の固い部分を切り落とし、下半分の皮を薄く向き、斜めに切る。

❷ ソーセージも斜め薄切りにする。

❸ フライパンにニンニクチューブを少々入れて熱し、ソーセージ、野菜、シーフードミックスを炒める。

❹ トマトジュースを注ぎ、コンソメを崩しながら加える。＊シェラカップは計量カップとしても使えて便利！

❺ ご飯を加えて、ご飯に水分を吸わせるように満遍なくなじませる。

❻ 最後にお好みで強火にしておこげを作り完成。

フレンチトースト

ジッパー付き保存袋で1枚ずつ作るから、卵液に浸す時間はなんと3分！
絶品フレンチトーストがキャンプ場でできちゃいます。

■作りやすい分量

- 食パン（5枚切り）……1枚
- バター……大さじ1
- 食パン1枚分の卵液
  - 卵……1個
  - 牛乳……大さじ4
  - 砂糖……大さじ1と1/2
  - バニラエッセンス……適量
  - メープルシロップ（お好みで）……適量

■作り方

❶ 食パンは半分に切り、フォークで何カ所か穴を開ける。
❷ 卵液の材料を合わせる。
❸ ジッパー付き保存袋にパンを入れ、卵液を注ぐ。
❹ 袋を閉じ、上から優しく2、3回押す。
❺ 3分経ってパンが卵液を吸ったら、フライパンを熱しバターを入れて溶かす。
❻ パンを並べ、弱火で両面に綺麗な焼き色が付くまで焼く。
❼ 仕上げにメープルシロップなどをかけて完成。

舛田悠紀子さんのキャンプ用キッチン用具

愛用品 大公開!

本書掲載の料理写真の中で登場した愛用品の一部を公開します。

THE NORTH FACE(ザ・ノース・フェイス)の大振りなシェラカップは丼などに使用。他の人のものと判別するのに革紐を巻いて目印に。

staub(ストウブ)鍋20cm。浅型は2人分にちょうど良いサイズ。さまざまな料理にヘビーローテーション。

ワイン大好きな我が家はでキャンプもワイン。KINTO(キントー)のワイングラスはプラスチック製で小ぶりで持ち運びしやすい。

木製のおたま。ラオスの木から地元の職人さんの手により作られていて、手彫り感がかわいい。

VIVAHDE(ビバフデ)オリジナルの木のボウルとプレート。それぞれ3つずつ入れ子になっているので収納にも便利。

グルキャンの時にはご飯を2合炊けるラージサイズのメスティンが便利。

Metal NEKO(メタルネコ)のフライパンはまずデザインがカッコいい。深さがありフライパンにも鍋にも使える。サイズは2人用としてちょうどいい22cm。

韓国のKOVEA CUBE(コベアキューブ)ガスコンロは見た目がおしゃれ。コンパクトで持ち運びも便利。

たま木工のコーヒーマグ。沖縄の木で一つひとつ丁寧に手彫りされ、生み出されたカップは温もりたっぷりの愛用品。

希少なneru design works(ネルデザインワークス)のホットサンドメーカー。ずっしり重い安定感とこの無骨でカッコイイところがお気に入り。

co+fe(コフェ)プレート。アンティークピューター風だけどアルミ製。お料理を盛り付けた時の雰囲気の良さが最高。

守田詠美のカトラリー。作家さんが作る繊細な形がお気に入りの真鍮製のフォーク。スプーンもあり。

Petromax(ペトロマックス)フライパン。キャンプを始めた時から愛用しているフライパン。焚き火にもガシガシ使える丈夫さがいい。

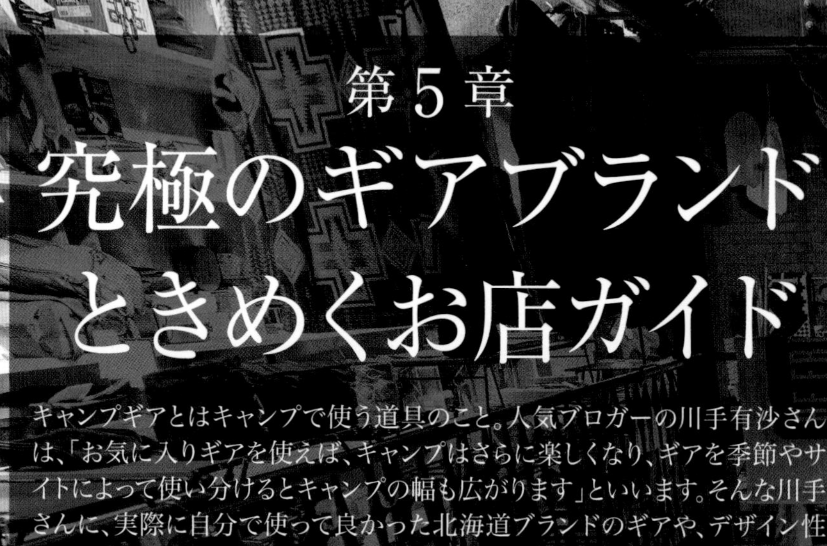

第5章
究極のギアブランドときめくお店ガイド

キャンプギアとはキャンプで使う道具のこと。人気ブロガーの川手有沙さんは、「お気に入りギアを使えば、キャンプはさらに楽しくなり、ギアを季節やサイトによって使い分けるとキャンプの幅も広がります」といいます。そんな川手さんに、実際に自分で使って良かった北海道ブランドのギアや、デザイン性に優れ実用性も高いキャンプ用品、店に踏み入れるだけでわくわくするアウトドアショップなどを教えてもらいました。ブランドの誕生のきっかけや秘話、魅力を知ると、ギアへの愛着が深まります。お店のご厚意で、この本を持っていくとサービス特典がある店もあります。ぜひ足を運んでみましょう。

ORCA

わっとうぃうぉんと

WHAT WE WANT [東神楽町]

旭川家具で培った技術で創り出す新進気鋭のアウトドアブランド

WHAT W☰ WANT

40年近い歴史を持つ旭川家具メーカーの「インテリア北匠工房」から2021年1月に誕生したアウトドアブランド。立ち上げからわずか2年あまりだが、イベント販売時には開店前から行列ができるほどで、オンラインサイトでもほとんどの商品が入荷待ちの状態に。全国的な知名度も高まり、北海道を代表するガレージブランドに急成長している。

家具づくりのプロが開発 素材を最大限に生かしたギア

多くのキャンパーが愛用しているLEDランタンが、よりおしゃれになるランタンシェード。これまで革や布、プラスチック素材での販売はあったものの、木製で作ったシェードはなかった。

家具づくりで培ってきた技術と素材を見極める目、製品化を実現する高い技術力をもつ職人と、デザイナーがタッグを組んで開発に取り組んでいる。旭川家具らしい素材を生かしたシンプルで洗練されたデザインが特徴的だ。

プロの巧みな加工技術がなければ作れないこれらの商品は、LEDランタン人気の波に乗り、新たなランタンシェードブームを作った。主要となる木材は、オーク、チェリー、ウォールナット。木目や色合いは、どれひとつ同じものがない。さらに、数量限定で登場する「神代」や「バイオレット」の木材を使った製品は、希少価値が高く、一点物を好むユーザーの心をつかんでいる。WHAT WE WANTの商品をきっかけに、木の種類について興味をもった人もいるのではないだろうか。

▲木の素材、風合いはどれ一つとして同じものはない。オイルメンテナンスをしながら長く使い続けることも魅力だ

家具メーカーならではの つくりで注目の エクステンションテーブル

左右に天板を広げることができるローテーブルは、IGT規格のバーナーコンロが取り付けられる構造で、滑らかに開閉できるソフトクローズ機能のスライドレールも使われている。素材もつくりにも、家具メーカーならではの魅力がつまった製品だ。77,000円と決して安くはないこのテーブルは、4日間限定で抽選販売をしたところ、800件以上の応募があったという。部屋のインテリアとして、日常でも使いたい完成度だ。

▲スライド展開するとトップが広がるエクステンションテーブル。ソフトクローズ機能は家具メーカーならではの発想。所有欲も満たしてくれるぜいたくなギアだ

手入れをしながら長く 使ってほしい

「デザインにこだわり、手の込んだ商品をあえて作らず、手入れしながら長く愛される商品を生み出したい」という社長の吉村浩平(よしむら・こうへい)さん。同社では木の風合いを引き出すオイルメンテナンス方法やキズの修復方法もインスタライブで伝授する。

上川管内東神楽町にあるショールームでは、在庫があればその場で商品の購入が可能。北海道のアウトドアショップには定期的に入荷があるのがうれしい。ぜひ実際の商品を手にとって確かめてほしい。

▲東神楽町の工場横にあるショールームは、平日の営業時間内であれば自由に見学することができる

▲技術を持った職人が製作すると機械よりも早く仕上げることができるそう。熟練された職人の技が商品の生産を支えている

▲イベント出展は絶好の購入チャンス。オンラインストアやアウトドアショップで品切れのアイテムが手に入るので、どのイベントでも開催時間前には行列ができるほどの注目のブースになる

オンライン
ストア

わんえふ すぺーす

1/f SPACE ［札幌市］

鉄工職人が追求してたどり着いた
無骨さと繊細さが織りなす美しいデザイン

1960年（昭和35年）創業の機械加工部品を製造する、札幌市カヤノ鉄工株式会社から誕生したガレージブランド。「1/f SPACE」ブランドが誕生したのは、三代目代表取締役の茅野純（かやの・じゅん）さんが自作していたオリジナルの焚き火台を見た友人が、商品化を熱望したことがきっかけ。テレビ番組制作者の目にもとまり、さっそく北海道の冬キャンプを楽しむテレビ番組ロケにも使われることが決まった。「ユーザーの声を聞きながら商品開発を進めているが、独自性のあるデザインを常に意識して製作していきたい」と茅野さん。取り扱い店舗は道外にも増えるなど、注目のブランドなのだ。

▲慣れるまでは組み立てに時間がかかるが、コツをつかめば簡単にできるようになる

◀風をうまく取り込み燃焼効率が高い。Gotokuをのせれば調理が簡単で、大きなフライパンも使える

伝統的な建築技術を採用した組み立て方が斬新

焚き火台は、戦国時代の篝火（かがりび）をイメージしている。三角錐の焚き火台は、3本の脚と平面パーツだけで組み上げられ、五徳を載せるとフライパンやダッチオーブン調理などもできる。高さをだすことで地面への熱の負担を減らしながらも、炎と鉄の温かみがダイレクトに伝わってくる構造だ。

幾何学模様のデザインが夜の暗さを楽しませる

ワンエフ柄と呼ばれる格子状にカットされた「MIYABI」を焚き火台に連結させると、大きな薪もくべることができ、間から見える炎の揺らぎの美しさが増す。このワンエフ柄を生かしたランタンシェード「Altair（アルタイル）」は、3枚の三角形の平面をつなぎ合わせたシンプルな構造。どちらも、もれ広がる明かりで、暗い夜を楽しませてくれるアイテムだ。

「一度使ったらどんどん好きになる商品」

焚き火台の収納サイズは、幅64センチ×奥行き25センチ×厚さ2センチ。コンパクトでありながら本格的な焚き火ができることが話題となり、北海道を中心にユーザーが急増した。Instagramでは、連日焚き火台を購入したファンからの焚き火の様子が投稿され、ユーザーの高い満足度が伝わってくる。収納性や機能性は他のブランドでは味わえない満足感。「1/f SPACEの製品を一度使うと、新作も使ってみたくなる」というリピートユーザーが多いことからも商品への信頼性と期待がうかがえる。

▲「Altair」（税込み8,800円）3枚の三角形を組み合わせた携行性にも優れたランタンシェード。ワンエフ柄が見つけられるだろうか

▲「収納ケースもこだわって作った」という茅野さん。パーツごとに収納できるポケットが複数あるから、紛失も避けられる。収納サイズもコンパクトで、キャンプ場へ持ち込む際に車に載せてもかさばらない

▲2022年夏に発売したフラットバーナーの五徳「1/f spider」の売れ行きは好調。テーブルボードと合わせて使用すれば、他の人とは違う耐熱性に優れたアイアンテーブルへカスタマイズすることができる。大量生産が難しいため、抽選販売。鉄工の職人が独自性を追求した商品開発を続けている

HP

すてっぴんぐすとーんず

STEPPING STONES ［札幌市］

北海道の風景をイメージした鮮やかなカラー
木目柄のレザーデザインで注目

2011年に創業、札幌に誕生したレザークラフトを製作するガレージブランド。北海道アウトドアブランドの革パーツの受注生産もしており、他社のブランド製品を支えている。北海道の野外音楽フェス「JOIN ALIVE」のオフィシャルグッズや、本州開催の大きなイベントのグッズなど、全国のフェスやイベントの記念品の製作を受注した実績もある。

北海道の四季をイメージしたカラフルなレザークラフト

製品に使われる革の90％以上は牛革。厚さは0.8ミリから3.5ミリまで用途に合わせて使い分けている。特徴は、「カラフルでナチュラル」がコンセプトという革の染め方。加工は手染めで、染料は油性と水性を使い分けている。「色は、北海道の風景や四季を表現している」と代表の田中鉄馬（たなか・てつま）さん。木目柄レザーは珍しく、他のブランドにはないステッピングストーンズならではの柄。革でありながら木工の風合いも感じられると人気だ。

メーカーからの要望もあり商品化

もともとキャンプと登山が趣味だったという田中さん。自分が使いたいものをハンドメイドで作っていたが、それを商品化させた。現在はキャンプ向けのレザークラフトも増えたが、創業当時は商品の種類も数も少なかったという。ホットサンド用のカバーは、自作して使用していたところ、メーカーからの要望もあり商品化された。ガス缶カバー、シェラカップハンドルなどがあるが、取り付けるアイテムの形状に合わせて細かに形や大きさも変える。過去に制作例がないアイテムでも、ギアを預けるとその形にあわせてくれるなど、オーダーメイドにも対応している。

▲持ち運びがしやすくなるストラップ、保管のためのケース、高熱から守るカバー、持ち手に付けるグリップは、より安全に、使いやすくなるメリットもある

北海道の記念や思い出に残るものを

ブランド設立当初から制作していた山のお守りは、革とウッドビーズと綿の紐で作った。「全て自然に還ることができる素材にこだわっている」と田中さん。登頂記念や登山好きの方へのプレゼントとしても購入される。

好みの色や柄を組み合わせてカスタマイズ

女性キャンパーが増え、カラフルでかわいいアイテムを使いたいニーズも高まって、販売数も伸びた。革や糸の色を自分好みに組み合わせて製作する場合の納期は、3カ月から半年待ちになることもあるが、カスタマイズしたレザークラフトは愛着も増す。革は使い込めばさらに味わい深く、世界に1点しかない特別な愛用品になるだろう。

▲新千歳空港ターミナルビルのクラフトスタジオにも販売コーナーがある。白老にあるウポポイでしか買えない限定アイテムもあり、北海道旅の記念やお土産としても多くの人に支持されている

▲商品パッケージを隠し、自分好みに変身。カスタマイズにより他の人とは違うギアとして楽しめる。WEBサイトからのオーダーも可能

▲製作は代表の田中さんも含めた5人ほど。商品は一つひとつ手縫いで作られている

HP

とりぱすぷろだくつ
TRIPATH PRODUCTS ［石狩市］

高い技術力とこだわり抜いたデザイン 唯一無二の商品を製造

「トリパスプロダクツ」は1946年（昭和21年）創業の金属製品の製造メーカー、トリパスから誕生したキャンプギアブランド。パーツの切削から溶接、塗装、組み立てまでを、石狩と札幌清田の2つの自社工場で生産する。最新の機械を操作する熟練された技術、高品質な商品を製造し続けている実績と伝統ある企業理念、ブランドへの信頼性が、トリパスプロダクツの大きな強みだ。

固定概念を打ち砕く 炎を側面からも味わえる 焚き火台

代表作でもある焚き火台「GURU GURU FIRE（グルグルファイヤー）」は、まきを立てて燃やすことができるという新しい発想で誕生した。炎がこれほど見える焚き火台は、今までなかった。しかも、大きいまきを載せ、高熱で燃やし続けられる焚き火台が、Mサイズでわずか35センチ×35センチ、厚さは4.3センチにまで小さく収納できるのだ。

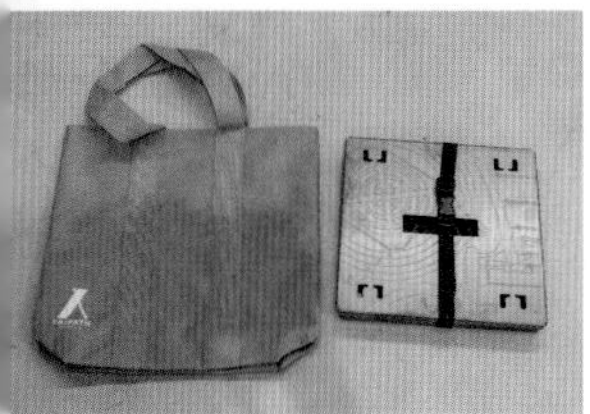
▲焚き火台の横から炎や火の粉が見えるつくりは発売当時も今も珍しい。サイズはXS、S、M、Lの4種類

商品開発にかける プロのこだわり

大きな工場内には、ミリ単位での微調整や、24時間自動で製造もできるという高度な機械が並ぶ。納得ができる商品にたどり着くまで何度も試作品を製造し、燃焼試験では1000時間以上かけて繰り返し耐久検査も行っている。「機械が自社工場にあるため、構想を具現化するまでのスピードが速い」と営業部の山田康介（やまだ・こうすけ）さん。ショールームには、これまで試作してきた歴代の焚き火台が並んでいた。商品化されなかったこれらの課題点が今の商品へ繋がっているのだ。

▲自社で製造したものを実際に使って検査を繰り返すことで、高い品質の商品を生み出しているのだ

隠されたデザインが さらに愛着を生む

トリパスの強みは、収納性や機能性だけではない。ブランドの合言葉は「タノシメタル」。デザインにもぜひ注目してほしい。グルグルファイヤーの風防「FUBOU2」のカットデザインは、石狩から望む札幌の山並みをかたどっている。また、Lサイズのグルグルファイヤー本体には「レジェンドグレード」の特別デザインが施されている。他企業には真似できない高度な技術が詰め込まれた一品だ。

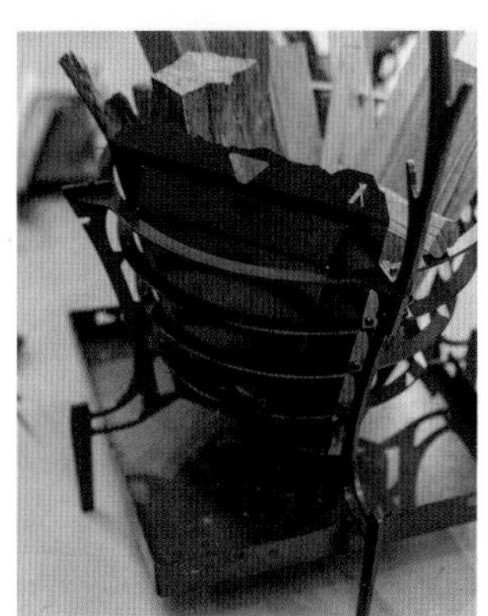
▲商品に施されている細かいデザインまで目を凝らして見てほしい。知れば知るほど奥深いブランドで購入者を楽しませてくれる

大人から子どもまで楽しめる 薪割り機

強度を必要とする薪割り機も、組み立て式で作った。「FIRE SIDE COCKPIT」は切れ味が抜群。パーツを組み合わせた構造だと、安定感や強度が心配されてしまうところだが、小さな力でも金づちを使ってまきを割ることができるので、イベント会場では子どもでも楽しめると好評だ。

▲斧を使う薪割り作業を安全にしてくれる「FIRE SIDE COCKPIT」。ぜひ実際にまきを割って切れ味を試してみよう

メタリックなブタの蚊遣りが 大ヒット

夏のアウトドアでは欠かせない蚊取り線香。トリパスプロダクツは、蚊取り線香ホルダー「KAYARI」を金属で作ってしまった。これが大きなインパクトを与え、全国的に有名なブランドとコラボ商品を開発するほどの人気アイテムに。イベントごとに変わるオリジナルカラーはどこか愛らしく、夏が来るのが待ち遠しくなる。

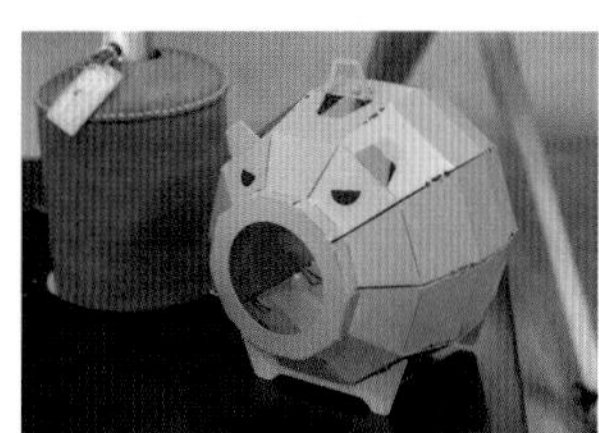
▲イベントオリジナルカラーとデザインの「KAYARI」。イベント限定品は希少価値が高く毎回完売する人気アイテム

HP

ふせのてっきん

FSN IRON GEAR ORDER ［登別市］

「ココロオドル、ものづくり」をテーマに 布施野鉄筋が生み出すフルオーダーアイアンギア

1980年（昭和55年）創業、鉄筋を加工し、現場で組み立てていく工事を請け負う布施野鉄筋。室蘭白鳥大橋やファイターズの新球場「エスコンフィールド北海道」の建設工事にも携わっている。「自社が扱う材料や技術を使って、自分が使いたいギアを趣味で楽しく制作していた」と話すのは、専務の布施野孝彦（ふせの・たかひこ）さん。こだわって使いたい人のために、オリジナルの焚き火台やアイアン家具を制作したいと、2020年にブランドを立ち上げた。

▲「ゴツめ焚き火台」「ドM焚き火台」「ドS焚き火台」「剛炉裏（ごろり）」などネーミングが面白い

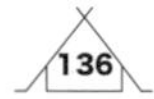

▲アウトドアで本格オーブン料理を手軽に作ることができる夢のような焚き火台だ

▲オリジナルデザインの加工も可能なので、販売事例のない一点物を聞き取りしながら作り上げていく。製造のプロが作品づくりをサポートしてくれるのが心強い

▲地元登別室蘭にある66BASEには展示品もある。オーダーは、オンラインストアとInstagramのDMから受付中

ヘキサテーブルとも相性が良い六角形が人気

「ゴツめの焚き火台」は、黒皮鉄と異形鉄筋を組み合わせて作られている。底は1.6ミリ、側面は3.2ミリの厚さ。高温でも歪みにくく、耐荷重も大きい。脚は取り外し式で、約10センチと約17センチの2種類をセットにして販売している。ロースタイルの10センチ脚が定番の高さだが、芝サイトなどでは地面への影響を考えて17センチ脚を使用するなど、状況に合わせて使い分けることもできる。

アウトドアで本格オーブン料理が楽しめる窯付き焚き火台

人気は、ピザ窯としても使用できる焚き火台。商品発売から売れ行きは好調だという。焚き火台の下に付ける窯部分は高さ約8センチ。焚き火の熱を使って窯全体を温め、高い温度でピザやグラタンもこんがり焼くことができる。本格的なキャンプ飯をアウトドアで楽しみたいユーザーから、注文が殺到した。

見積もりは誰でも無料 プロが一緒に製作

アイアンギアだけではなく、アイアン家具のフルオーダーも制作している。「見積もり後の価格を見てからの注文確定なので、安心して見積もり相談してほしい」と話す布施野さん。伝統的なアイヌ模様やオルテガ柄など、細かなデザインの要望にも全て対応したいという。発注は全国各地から入る。企業からグランピング用の焚き火台をオーダーされ、製作したこともある。

「店頭販売は増やさず、できるだけフルオーダーで製造する商品づくりを進めていきたい」という布施野さん。見積もり後、注文が確定してから1カ月ほどの製作期間が必要だ。フルオーダーは、デザインづくりから納品まで時間がかかるが、既製品の購入では得られない楽しみがある。オリジナルのものづくりが気になる人は、ぜひ気軽に見積もり依頼をしてみよう。

オンラインストア

むーす　るーむ　わーくす

MOOSE ROOM WORKS ［札幌市］

自衛隊仕様の「戦闘飯盒2型」を復刻で再生産

▲FIRE STAND「灯篭」
パーツに分解したら、コンパクトな収納袋にまとまるので、どこへでも持ち運びしやすいのもうれしい

オーナーの川高裕介（かわたか・ゆうすけ）さんが「自分で考えたキャンプギアで有意義な時間を秘密基地で過ごしたい」という思いから2018年に立ち上げたブランド。マンションの一室から始めたことから「MOOSE ROOM WORKS」と名付けた。

代表作「焚火鉄板フライアン」はマンガ『ふたりソロキャンプ（6巻）』にも登場した。「戦闘飯盒2型」「FIRE STAND 灯篭」など40種類もの商品を販売している。

◀自衛隊で実際に使用していた「飯ごう，2形」の再生産版。生産拠点から日本までの輸送梱包まで再現する妥協がないこだわりの商品だ。「OD」と「シルバー」の2色を販売

▲戦闘飯盒2型をキャンプ専用にするのはもったいないと、日常から使う人も多いという

▲取っ手は好みの形や太さの枝や木、流木などでカスタマイズを楽しむことができる

正真正銘、唯一無二の戦闘飯盒2型はMOOSE ROOM WORKSだけ

飯盒（はんごう）は、炊飯だけではなく、蒸す、煮る、焼くの万能調理クッカーとして注目度が高い。代表の川高さんが製品化を追求したのは、一般に販売がない官給品「飯ごう，2形」（戦闘飯盒2型の正式名称）。実際に使用して他のどのクッカーよりも優秀だと感じたことがきっかけで、復刻を決意したという。1年の構想期間をかけ、当時製作していた工場、金型、治具を使用しての生産と、当時の塗装のまま、復刻を成し遂げた。

水蒸気炊飯は炊き上がりが違う

特徴は中子（なかご）と呼ばれる中蓋。上蓋の取っ手を引っ掛けるスリットが開いていることにより、本体に水を入れて加熱すれば蒸気が回る構造。これにより蒸し物ができ、汁物と炊飯の同時調理も可能だ。水蒸気炊飯の仕組みがあるのは、この戦闘飯盒2型だけ。取っ手は、当時オリジナルとキャンプに適した長さに改良したショートの2種類が付属している。

オンラインストア

ものづくりそうだんじょものそー

モノづくり相談所monoso ［札幌市］

「作りたいものがあったら相談してほしい」という思いから誕生した「モノづくり相談所」略してmonoso（モノソー）。ブランドの誕生は2019年。イラストレーターのゴトウマキエさんとタッグを組んで立ち上げられた。人気のキャンプ漫画『ふたりソロキャンプ』で主人公の雫ちゃんが愛用している帽子にmonosoのキャップが紹介され、一躍全国区になった。2022年秋には衣料品販売大手の「しまむら」から子ども用ウエアも発売された。

「テントくん」は、北海道やキャンプというテーマで誕生

「北海道を常に意識して商品開発をしている」というモノソー会長。過去には、北海道の形とキャラクターが合体したデザインも考案し、プリントされたTシャツやパーカーは発売当初からの売れ筋商品だ。オリジナルキャラクターがいて、絵や動きに合わせていろいろな言葉を発するキャンプ系のブランドは珍しい。ブランドのロゴというよりも、ゆるキャラのような存在だ。「テントくんのつぶやきが、キャンパーの間で会話になるような愛されるキャラクターにしていきたい」という。

新キャラクターも誕生予定！？

帽子やウエアなどのアパレル以外にも、焚き火エプロン、防風にもなるまきバッグ、ポップなデザインがかわいらしいメスティンなど、キャンプアイテムも販売している。人気は、テントくんが刺繍されたニットキャップ。得意分野は布物だが、金属、革、樹脂、木のプロたちとコラボして商品開発を進めている。試作、実験、修正、再確認を繰り返しながら、安全性を意識して作品を生み出していきたいという。ユーザーの強い要望もあり、新キャラクターの構想も進行中。今後の展開が楽しみだ。

▲キャラクターが発する言葉は、キャンプ好きならついついうなずいてしまう。年代問わず、かわいいもの、面白いものを使いたいというユーザーに人気

▲ニット帽、サファリハット、フラットバイザーキャップなど形もさまざま。これまで50種類以上の商品を発売している

◀完成したデザインはまさにオリジナルだ。似顔絵や愛車、愛犬をデザインしたものは宝物になるだろう

twitter

あっぷさいくるほっかいどう

UPCYCLE HOKKAIDO ［札幌市］

札幌市にある建築会社「ハウジング光陽」から新事業としてスタートしたブランド。「『捨てられるモノ』に価値を、モノと人の良い循環を作ろう」というコンセプトで、端材を使った商品開発をしている。循環型社会のものづくりが注目され、大丸札幌店や札幌丸井三越などの百貨店の催事場にも出店している。

建築の端材から誕生した「エゾトーチ」

焚き火とは少し違った趣の炎が楽しめるトーチ。北海道発のものづくりを知ってもらいたいと、「エゾトーチ」と名付けた。建築現場で出される家の柱や土台に使われるマツ、ヒノキ、杉などの端材に、4方向に穴を明け、切込みを入れている。「着火しやすく安定して燃えるよう、穴の大きさは何度も試作して検証した」という代表の吉田友花(よしだ・ゆか)さん。風などの条件にもよるが、2時間ほど燃え続ける。特に火力が強いピークの1時間は、調理にも使える。

厚みがあるカンナ屑は木の香りも楽しめる

カンナで削られた屑を使ったボールやリースは家のインテリアだけではなく、自然素材を好み、キャンプサイトをより華やかに飾りたいキャンパーにとっても気になるアイテムだ。カンナ屑は木目が楽しめ、そのまま木の香りを感じたり、水を吹きかけてディフューザーとしても活用できるが、屋外で使用するなら、虫除けアロマオイルを垂らして使うのもおすすめだそう。カンナ屑ボール制作のワークショップは、材料費と体験料込で2,200円〜。所要時間30分ほどで作ることができ、予約不要で挑戦することができる。

▲105ミリ×105ミリ×250ミリのエゾトーチ(税込1,320円)、85ミリ×85ミリ×200ミリのチビエゾトーチの2種類を販売。スタンドは別売り(税込み4,400円)。 焚き火台に載せて燃やすか、エゾトーチ用のスタンドと合わせて使おう

▲イベントのキャンドルとしても使用されたエゾトーチ。雪原に並べて使用すると幻想的だ

◀木の香りを感じながら制作するワークショップも好評。完成品の購入もよいが、ワークショップで作ったものなら愛着もさらに湧く

Instagram

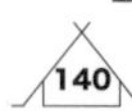

こぶさん

木BU山 ［札幌市］

▲スパイスボックスはケースに入れておくことで、収納している容器に、油や埃がつかなくて良い

Instagram

◀「山お守り」は、山をデザインした革、真鍮製の笛とパラコードが付いている。非常時に役立つ笛とパラコードを手軽に携行できると登山者に愛用されている

日常からアウトドアまで多様なシーンで便利さ際立つアイテム

「北海道で遊び、学んだ大自然の大切さを発信するものづくり」に挑戦しようと、2021年春に誕生した「木BU山」。木工品、レザーアイテムを中心に販売しているが、2022年には行動食の販売とキッチンカー事業も始めた。

「家で使っている調味料やスパイス類を、他のケースに移し替えたりせずそのままキャンプ場に持って行ける、ありそうでなかったものを作りたかった」というオーナーのこぶさん。木製スパイスボックスは、両面にアクリル板を使用。中が見えるので、調味料の種類が把握しやすく、扉も大きく開くので取り出しやすい。サイズはS・M・Lの3種類を販売しているが、オーダー注文も可能だ。

かむ　ぷろだくつ

KAMU PRODUCTS ［札幌市］

▲ゴールゼロカバー、CB・OD缶カバー、ワッペン、ステッカーなど、50種類以上を販売

オンライン
ストア

◀コーデュラは、強度の高い糸で編み込まれているので耐久性に優れている。PU加工（ポリウレタン加工）された薄い裏地は、撥水性があり外気を通しにくい

特殊素材を使ったカバーアイテムでギアをおしゃれに守る

「覆う」を意味するアイヌ語のkamuから名付けたガレージブランド「∴KAMU」。「キャンパーや登山家の大切なギアを、見た目にこだわり、かつ機能的に守る」というコンセプトのもと、CORDURA（コーデュラ）やx-pac（エックスパック）という特殊素材でギアのカバー類を制作する。ブランド誕生は2021年。入手困難が続いている人気LEDライトゴールゼロのカバーの制作をきっかけに誕生した。

べるうっど　くらふと
BELLWOOD CRAFT ［小樽市］

オンライン
ストア

▲"木の温もりある美しい品を安く届ける"をコンセプトに、素材を生かしながら、丸太加工は手作業で行っている

北海道産の天然木を使用 独自の加工で経年変化も楽しめる薪割り台に

2022年に誕生した可愛らしいまき割り台を制作するブランド。フリマサイトで販売していたところ購入が相次ぎ、在庫切れになる人気に。現在は複数の道内アウトドアショップで販売している。

木材は自ら切り出した北海道産の楡(ニレ)を使用。いびつな形をしたものもあり、まるで切り株のような雰囲気が楽しめる。よくある玉切りの丸太とは仕上がりが全く違う。「表面は手作業でやすりをかけて整えたり、木の状態に合わせて、熱処理したりすることもある」と代表の鈴木実奈子(すずき・みなこ)さん。無骨な素材感や経年変化が楽しめるように、一つひとつの木と向き合いながら加工しているのだ。

◀持ち運びがしやすいとハンドル付きが好評。ワンポイントにもなっているハンドルは、キングコブラ編み。まき割り台は、直径20センチほどで平均2,200～2,750円

てぃぶ
TIVE ［札幌市］

▲鹿の角は成長の証。生命力や個性を感じられるものなので、傷なども個体の味ととらえて、デザインに取り入れるという

Instagram

エゾシカの素材を余すところなく創作

ポジティブ、アクティブ、クリエイティブに制作していこうという思いで名付けられたブランド名「TIVE」。ハンターやジビエ料理に関わる友人からの働きかけがきっかけで、2017年からエゾシカの角や革を使用したお土産用のアイテムを制作、販売している。

角で作ったランタンフックは、2022年春からキャンプ場で販売したところ、入荷分が次々に完売した。50～60センチの角を加工したもので、1本3850円～。角は、煮沸、磨き、消毒加工をしている。ポールに引っ掛けてランタンが吊るせるよう、何度も角度を改良して開発した。「エゾシカを使用した作品を通して、北海道の豊かさや、力強さ、癒しのパワーを届けたい」と代表の小山田尚世(おやまだ・なおよ)さん。エゾシカにこだわった30種類以上の作品を制作している。

◀ほうきは、テーブルの上やテント、車などにも使えるミニサイズ。柄はカットした鹿の角、わらを束ねる部分には鹿革を使用している

うっどあんどあいあん　ろくろくくらふと

WOOD&IRON 66CRAFT ［当別町］

▲苫小牧市パスタイムファクトリーで展示販売中。商品の仕上がりの美しさもぜひ実物でチェックしてほしい。

Instagram

◀主な商品は、アウトドアドリップスタンドとパレットスタンド。どちらも、パーツに分解すれば、立体のギアがコンパクトサイズに変身。愛知や札幌のガレージブランドとコラボしたドリップスタンドも誕生した

巧妙な仕掛けが秀逸 仕上がりのクオリティの高さに ファンも多いギア

本業の溶接の技術を生かしてアイアン家具、雑貨などの製作販売を手掛ける2018年に誕生したガレージブランド。広さ6メートル×6メートルの工房で制作していたことから「66クラフト」と命名した。「溶接のプロとして、“魅せる溶接”をテーマに、美しさ、魅力、奥深さを感じてもらえるようなモノづくりをしていきたい。道産材にもこだわっている」というオーナーの髙橋祥太（たかはし・しょうた）さん。溶接作業には時間がかかるが、仕上がりが美しいTIG（ティグ）溶接にこだわって制作。木材、アイアン、真鍮、全ての工程を、妻のJoさんとともに手作業で行っている。

ぼーず　うっど　わーくす

BOWZ WOOD WORKS ［小樽市］

▲木材は国内産のヒノキやカラマツ材を使用。テーブルの直径は約60センチ、高さはロースタイルで楽しめる約37センチ

Instagram

◀「オルテガ柄」と呼ばれる、ネイティブアメリカンが生み出した三角形やひし形を組み合わせた幾何学的な模様。ラグやウエアなどに使われることが多い手織物の柄を、木工で表現した

1つひとつのパーツも全て 手作りのオルテガ柄の ウッドアイテム

新築住宅、店舗リノベーションの設計、施工を手掛けている建築会社「Home-building&Handmadefurniture」から、2021年春に誕生したガレージブランド。ハンドメイド家具やキャンプギア製作を行う。要望に応えたいと一時期はフルオーダーも受け付けたが、制作時間がかかることや材料費の高騰などにより、現在はオーダー注文を受け付けず、イベントへの出展を中心に限定販売している。

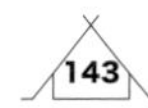

かしゅうやえいまい
賀集野営米 ［由仁町］

▲札幌ドームのおよそ3.7倍（約25ヘクタール）もの田んぼで生産されている。キャンプ好きな米農家が商品化したこだわりのお米だ

▲チャック付きの2合パックは410円　オンラインストアでは3個や12個セットでのまとめ購入も可能。30分給水してから炊飯するのが美味しく炊けるコツだ

▲札幌駅地下歩行空間のイベント催事や札幌丸井三越でも販売。AIR DOの機内誌にも紹介された

無洗米のイメージを変える米の艶と甘み キャンプで便利な2合パック

明治に入植した先祖が農家を始め、代々引き継がれている由仁町の賀集農産が生産するお米。2020年、6代目の賀集達矢（かしゅう・たつや）さんが、持ち運びにも便利なキャンプ向けの商品を作ろうと、2合入りの無洗米パック「KASYU CAMP RICE」を商品化した。

現在栽培している5種類の中から、粘りが控えめで、甘みがあり、冷めても美味しいのが特徴である「ななつぼし」を採用。研ぎ汁は水質汚染の原因になるとも言われ、野営地では米を研いだあとの水の処理に困る。そのため、調理の時短になる上に研ぎ汁の排水がなく、少ない水で炊飯までできる無洗米にした。賀集野営米は、無洗米のイメージが変わるほどの艶があり、シンプルに塩だけで甘みを味わって食べたい米だ。

北海道米の代表的なアウトドア米として人気上昇中

北海道らしい熊をキャラクターにしたパッケージ。道内のアウトドアショップやキャンプ場でも販売しているので、見たことがある道民キャンパーは多いだろう。豊かな北海道の恵みを、ぜひキャンプ場で味わってほしい。

オンラインストア

こにく
KONIKU ［札幌市］

キャンパー夫婦が営むお肉屋さん

「KONIKU」というブランド名で本業のかたわら、夫のブラウンさんと妻のコニさんが2人で営むお肉屋さん。人気商品は「1ポンドステーキ」。1ポンド＝約450gのお皿に乗り切らないほどの大きなステーキは柔らかくかみしめると口の中いっぱいに肉の旨みが広がる。キャンパーなら一度は憧れる「キャンプで豪快にステーキを焼きたい欲」を満たすにはうってつけだ。ほかにも「ギュウコニク」「ブタコニク」「ラムコニク」「トリコニク」などのオリジナル味付け肉を通販サイトやアウトドアイベントで出張販売し、その味は全国にも知れ渡りつつある。

そんな2人のキャンプはウルトラライト。マイナス26度の極寒でも暖房器具を使わず、山岳テントで過ごすツワモノである。「極寒の中で夜を明かすと生きている事を実感するんです」とコニさん。北海道の冬を全力で楽しむ夫婦のキャンプはYouTubeチャンネル『コニキャンプ』で配信されているので、要チェックだ。

▲1ポンドステーキとコニさん

▲雪に埋めたテント

▲夫婦でウルトラライトキャンパー

オンライン
ストア

YouTube

「コニキャンプ」

てんとてん

TENt o TEN ［札幌市］

サステナブルキャンプを広め新時代を牽引するギアショップ

北海道ガレージブランドショップの中でも、特に上級者が好むマニアックなアイテムが並ぶ。本州では入手困難なアイテムが、なぜこんなに北海道で販売されるのかと驚く声が多い。価格は高めだが、販売数が少なく、すぐには購入できないレアギアがあるため、本州からわざわざ来店する人もいるほどなのだ。

上級者も納得の品ぞろえは2021年10月のオープン当初から。希少価値の高いアイテムの大量在庫に、開店のインパクトは強烈だった。限定商品が販売されるイベントには、開催前日から徹夜で並ぶ人が店舗前に行列を作る。何カ月、何年待っても購入できないアイテムと出会えるチャンスは、待ち望んでいる人には夢のような時間になる。念願のギアを使うキャンプの満足感は、計り知れない。

TENt o TENは札幌中央資源が運営しているアウトドアショップ。オーナーの熊谷寿樹（くまがい・じゅんき）さんがショップを立ち上げた目的の1つは、人にも地球にも優しいサステナブル素材を使った商品の販売だ。熊谷さんは「サステナブルな商品を販売しているショップは数多くあるが、デザイン性に優れたギアを販売するところは意外と少ない。意識せずに使用してるギアが、サステナブルで循環型社会の一役を買うシステムを構築したい」という。元は電線の外側の

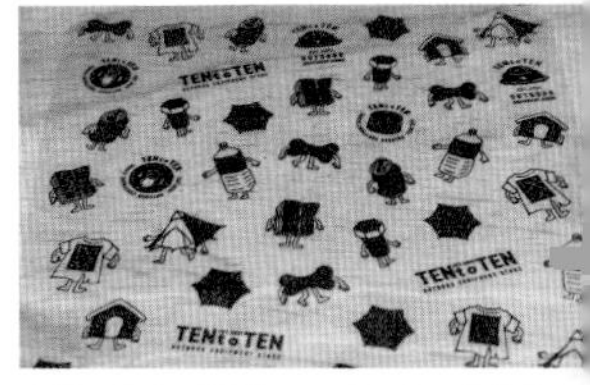

▲サステナブルキャンパーキャラクター「手」は繋がり、「脚」は行動を示しているそう。 手と手を繋なぐために、脚が棒（線）になるまで活動を持続していきたいという

オンライン
ストア

▲TENt o TENがあるのは、個室のペットホテルやトリミングルームがあるペットハウステン・テン川沿店の2階。ペット×アウトドアをコンセプトにしたペット用のアウトドアグッズも1階で販売している

▲ショップに置いてある9割以上のアイテムがガレージブランドギア。量販店で販売されている有名なアウトドアブランドの商品はほとんどないので、初めて知るアイテムが多いかもしれない

▲2021年山形県庄内地方発のガレージブランドCOLONISTAの「CONPE10」。特殊な縫製と構造で作りあげたX-PAC製のキャンプ用LEDランタンシェードも入荷される

素材だったという再生プラスチックを使っているLOCKFIELDEQUIPMENT(ロックフィールド イクイップメント)の商品も取り扱っている。TENt o TENがセレクトしているアイテムは、

▲国内で唯一、服から服を作ることができるブランドBRINGとともに、古着から作られたTENt o TENオリジナルTシャツ。ロゴとサステナブルキャンパーキャラクターを手作業でシルクスクリーン印刷したものだ

さまざまな社会の課題とSDGsとのつながりを知るきっかけになるのだ。

グラインドロッヂ、アシモクラフツ、ネルデザインワークス、オールドマウンテンなどのレアなガレージブランドギアの豊富な販売に注目度が高いショップだが、ショップが目指すものを知ると、ギアの見方がさらに変わるかもしれない。サステナブルを意識している人はもちろん、それまで興味がなかった人にもSDGsに関わる商品を届ける熊谷さん。販売アイテムの素材や、商品開発までのプロセスを知ると、ギアの魅力や愛着がさらに増すことだろう。

キャンプ本特典
キャンプ本持参+テントテンオリジナルアイテム税込み5,000円以上のお買い物で500円引き ※サービスは1回のみ

札幌市南区川沿15条1丁目1-63(ペットハウステンテン川沿店2F)
011-200-9955
時 11時～19時
休 木曜

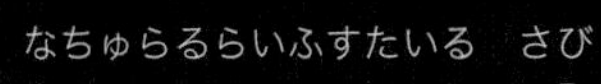

なちゅらるらいふすたいる　さび

Natural Life Style sabi ［札幌市］

中古ギア買取も実施　カフェも楽しめる 体験型アウトドアショップ

2021年12月に誕生した「体験型キャンプ＆カフェショップ」。オープン当初はテントやランタンなどの中古品も多く並んでいたが、現在は、新品の商品がおよそ9割になった。北海道ガレージブランドWHAT WE WANTや1/f SPACE、KAMU PRODUCTSなどのアイテムも並び、売れ行きも好調。入荷を知らせるとすぐに売り切れてしまうという。売れ筋商品は、人気YouTubeチャンネルが立ち上げたブランド「HILLS FIELD」。北海道での取り扱いはここだけだ。「今後さらに北海道ならではのガレージブランドアイテムを増やしていきたい」とバイヤーの泉康太(いずみ・こうた)さん。

中古品の店頭買取を行っており、集まったギアは月に1度ほど行われる中古市で販売される。「汚れや壊れがあっても使えるものならぜひ査定したい」という方針は、ギアを手放す側もうれしいし、買い手にとっても、手頃な価格で購入できるチャンス。ギアの買い替えをする人も多く、真新しく人気があるアイテムが査定に出されることも多い。

▲開店当初よりもガレージブランドアイテムが増え、陳列されているほとんどが新品商品

HP

店舗の半分近くが、カフェスペースになっている。オーブンで焼き上げた焼きチーズカレーやドリンクなど、10種類以上のメニューから選べる。天気の良い日には屋上テラスでの飲食も楽しめる。BBQプランは、5月上旬〜10月末までの期間限定で予約制。定期的に、火おこしやまき割り体験も実施されている。キャンプギアの買い物だけではなく、中古品の買取査定、体験イベント参加、カフェで食事など、来店の目的は幅広い。

「sabitomo」と呼ばれる月額990円のアプリ会員になると、飲食代やキャンプ用品全品が5％オフ、通常990円のまき束が500円で購入することができるサービスが受けられる。1カ月にまきを3束購入すれば元が取れるのでお得だ。毎月更新のサブスクリプションでサービスが受けられるのはsabiならでは。冬は店内にあるまきストーブの火を見ている時間も楽しい。キャンプ好きならついついくつろいでしまう空間だ。近隣にはキャンプ場も多いので、ぜひ立ち寄ってみてほしい。

◀ランタン好きが気になる年代ものの中古品が並ぶ。掘り出しものを探す気分も楽しい

▲焼きチーズカレー（税込み1,200円）は、スキレットに盛り付け。オーブンで焼き上げた熱々が食べられる

▲北海道で実物を見て買えるのはここだけという「HILLS FIELD」のアイテムが並ぶ。一部は展示品だが、オリジナルTシャツやグラス、タオル、焚き火台など種類も豊富

▲カフェスペースのテーブルやチェアは店頭販売が珍しいハイランダーのもの。経験豊富なバリスタが作ったこだわりのドリンクが楽しめる（テイクアウトも可）

キャンプ本特典

キャンプ本持参＋税込み3,000円以上のお買い物でsabiオリジナルコースター 1枚無料プレゼント※なくなり次第終了する場合あり

札幌市南区常盤1条2丁目1-23
☎ 011-252-7443
時 10時～18時
（フードL.O.：16時／ドリンクL.O.：17時）
休 不定休

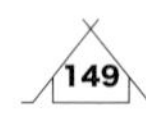

ぱすたいむ　ふぁくとりー

PASTIME FACTORY ［苫小牧市］

強靭なネットワークで
レアなコラボギアも販売する
注目のガレージショップ

▲株式会社ゴーゴーカンパニーが運営する「スタンドファクトリー」のガレージ内に店舗がある

キッチンカーの販売事業を行っているスタンドファクトリー内に、2021年6月にオープンしたアウトドアギアショップ。キャンプ好きのオーナー中谷和恵（なかたに・かずえ）さんがセレクトしたビンテージランタンやアメリカンテイストな輸入品、ミリタリーテイストな商品が並ぶ。道内外の人気ガレージブランドとのコラボ商品も次々と販売。ここでしか手に入らない限定商品を購入することができ、他の人が持っていない特別感が得られる。

休日には、キャンプ前やキャンプ帰

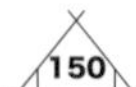

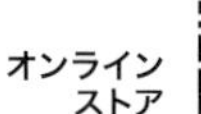

◀ドリンクや軽食も販売する「COFFEE A GOGO」も併設。休日はライダーも集いにぎわうスポットだ

▲オリジナルスパイスは「パスタイムーチョ」「パスタイムーチョ /もーいっちょ」「パスタイムッシュ /料理チョー」「パスタイムデス」の4種類を発売

▲出店のたびに完売するパスタイムファクトリーのキッチンカー。好みの種類のスパイスを好きな量だけ振りかけられるので楽しく美味しいのだ

▲全国で9店舗でしか取り扱いがない「RobSnow」の焚き火台。北海道での販売はもちろんここだけだ

りにも多くのショップファンが駆けつける。身近に「PASTIME FACTORY」のロゴがついた帽子やTシャツを愛用しているキャンパーがいないだろうか。ギアを購入するだけではなく、ファンを作ってしまう不思議なショップ。オリジナルアイテムがこれほど愛用されているショップは稀だ。新作発売や再販売を待ち望んでいる人が多いため、好みの色やサイズがほしいなら迷っている暇はない。

店舗のオープン前から発売していた1作目のオリジナルアウトドアスパイス「パスタイムーチョ」は、1万本の販売を達成。その後「パスタイムーチョ /もーいっちょ」「パスタイムッシュ /料理チョー」を販売。2022年には4種類目となる「パスタイムデス」という辛味の効いた新作が発売され、こちらもクセになると好評だ。

ホットサンドと焼鳥をその場で焼いて熱々で提供するキッチンカーも誕生した。4種類の中から好みのスパイスを自由に選び、購入後に自分で振りかけて楽しむという新しい販売スタイル。「北海道各地を回って、ムーチョシリーズのスパイスを広めたい」というのは中谷さんの息子さん。

愛知で行われた「FIELD STYLE JAMBOREE 2022」では、北海道ブランドを率いて合同出店。北海道のガレージブランドギアを全国に広める中心的役割を担っている。超人気ガレージブランドと共同開催したHOKKAIDOミーティングはチケットが数秒で完売する人気ぶり。幅広い活動で北海道のキャンパーを喜ばせているのだ。これからも、躍進から目が離せない。

キャンプ本特典

キャンプ本持参＋税込み5,000円以上のお買い物で500円引き
※サービスは1回のみ有効

苫小牧市糸井143-23スタンドファクトリー内
☎ 0144-84-7044
時 11時～17時
休 水曜休み

ろくろくべーす

66BASE ［室蘭市］

室蘭に根ざし
多くのキャンパーに愛される
カフェのような集いの場所へ

室蘭在住の圓子勅将（まるこ・ときまさ）さんが2021年12月にオープンした室蘭市のアウトドアショップ。圓子さんは「これは私物です」と、自前のお気に入りのギアも展示してしまうほどのキャンプ好き。室蘭市内ではパラフィンオイルやまきなどの消耗品を買うことも一苦労だったことから、キャンプを楽しむ人を応援したいと自らショップをオープンさせた。

品揃えのコンセプトは、"量販店で販売するアイテムから、ワンランクアップしたギア"。クラウドファンディングの話題品をチェックしたり、アウトドアイベントに登場する注目のアイテムも入荷したりしているが、どれも比較的手の届きやすい価格帯の商品だ。

「初心者が長く愛用したくなる商品を提案したい。ここで購入したものをきっかけに、使うアイテムによってさらにキャンプが楽しくなることを知ってほしい」と圓子さん。初めて見るものでも、思わず使ってみたいと思う商品が店内に並ぶ。ギフト選びにも良いと、地元客も来店しているそうだ。

人気商品はアウトドアモンスターの商品で、道内随一の品揃えだ。66BASEオリジナルのシェラカップには、洞爺湖の中島がデザインされている。室蘭の鉄工所に住むアウトドアモンスターという設定で描かれており、二人の愛娘がモチーフとなっている。長年アウトドアモンスターのキャラクターをこよなく愛していたという圓子さんが、ぜひショップオリジナルデザインを販売したいと依頼して実現させた室蘭限定品だ。全国でここにしかない珍しさから、オンラインストアでは本州からの購入者も多いそう。

オンライン
ストア

▲室蘭は鉄鋼の街。地元鉄工所の焚き火台の展示品が多いのが特徴。サイズや重さなどを確かめてからフルオーダーできる

▲「キャンプにまた行きたくなってしまう魔物」を可愛らしく表現しているアウトドアモンスターは、全国にファンが多い

▲BELLWOOD CRAFTの薪割り台はパラコードの持ち手付き。入荷後すぐに売り切れることも多いため出会ったときが買い時だという

◀鹿肉を加工した「のぼりべつエゾシカ」セットは化粧箱入りで贈答品のよう。大和煮、味噌煮、カレー煮の3種類の食べ比べができるので、ジビエ料理を味わうきっかけに(3号缶3セット税込み1,500円、6号缶3セット税込み1,800円)

▲室蘭で作られた調味料や珍しいキャンプスパイスなど豊富な取り扱い。何と組み合わせて食べようかと考えるとキャンプ飯づくりがますます楽しくなる

地元商店街と共同で開発したサンドイッチを販売、室蘭で開催されたフィールドグッドフェスの企画運営にも携わった。市内の企業が開発した廃材のおがくずを加工した燃料「ブリケット」の販売窓口も行っており、これまで何度も地元紙に取り上げられ、地元からの期待も大きいショップだ。「地元キャンパーに愛され、カフェのような集いの場所にしたい」と圓子さん。キャンプ場情報交換のスポットにもなっているので、室蘭周辺のキャンプ場情報がほしい人もぜひ気軽に立ち寄ってみてほしい。

キャンプ本特典

キャンプ本持参＋税込み5,000円以上のお買い物で500円引き
※サービスは1回のみ有効

室蘭市中島町1-24-13
ニューヨークテラスビル1F
時 11時～19時
休 火曜休み

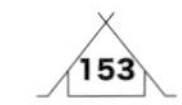

ぜろでい
ZERODAY ［洞爺湖町］

海外のトレイル旅を楽しむ夫婦が
支笏洞爺国立公園から
旅とアウトドアを発信するショップ

海外をロングトレイルや山歩きをしながら10カ月ほど旅をしたという。大須賀太郎・桃(おおすがたろう・もも)さん夫婦がオープンした「旅とアウトドアを愛する人のためのセレクトショップ」。場所は支笏洞爺国立公園内、洞爺湖温泉街のメイン通り沿いにある。洞爺湖周辺は温泉やアクティビティを目的に道内外の観光客のほか、インバウンド(訪日外国人)にも人気のあるエリア。そのため、ショップの来店者の半数以上はキャンパーだが、観光客のほか、登山、釣り、自転車などを楽しむ人も来店するという。

焚き火台やフライパンなどの鋳物や鉄製商品の販売もあるが、店内を見渡してみると全体的に小型で軽量のものが多い。「アウトドア遊びをキャンプだけに絞るのはもったいない。キャンプも工夫次第で旅しながら楽しめる。自転車や釣り、登山など、アウトドアで幅広く使えるアイテムもセレクトしていきたい」と、旅のプロでもある2人が提案する機能性や携行性に優れた厳選されたアイテムが並ぶ。

▲「挑戦と冒険」をテーマに海外ロングトレイルなどを歩いた大須賀さんご夫婦。洞爺湖町は妻・桃さんの故郷でもある

商品を購入すると、売上金が植林などの自然維持や公園運営のために寄付される「PARKS PROJECT」のウエアや、洞爺湖温泉とプリントされた温泉タオルは、洞爺湖へ来た記念に。北海道の山の大きな鳥瞰図も掲示。「情報基地としても立ち寄ってほしい」と、インフォメーションコーナーや書籍コーナーも用意した。周辺の山はほぼ登山経験があり、地元洞爺の人とのつながりも深く、遊びをよく知っている大須賀さん夫婦に会えるので、買い物はもちろん、情報がほしい人も楽しめるショップだ。

キャンパーの1番人気は、火持ちも香りも良いと好評の大滝産「ホロホロ薪」。キャンプ前やキャンプ帰りに立ち寄ってリピート購入する人も多い。まき束の販売もあるが、カゴに入っているミックスまきは、ブリキバケツ一杯分の詰め放題で税込み550円。ログバッグを持参して持ち帰ることができれば、格安で購入できる。白樺の木は、北海道を感じながら焚き火ができると本州キャンパーにも人気だ。

▲比較的コンパクトなアイテムが多い。自転車や登山、釣りにも持ち歩きやすい携行性に優れたグッズが並ぶ

HP

Instagramには各アイテムを揃えたきっかけなどのストーリーも投稿されているので、来店前にぜひチェックしてほしい。きっと気になる商品と出会い、来店がますます楽しくなるだろう。

▲海外のアウトドアショップでは取り扱いが多い「GSI OUTDOORS」。日本のアウトドアショップでここまで種類豊富に並ぶことは珍しい

▲S・M・Lサイズと切りそろえられ、麻ひもとタグが着火剤としても使えるホロホロ薪のまき束も販売(S:440円、M:600円、L:760円全て税込み)。可愛らしい見た目から、雑貨の装飾などにも購入されるそう

キャンプ本特典

キャンプ本持参+3,000円以上のお買い物でZERODAYオリジナルステッカー(税込み350円)を1枚無料でプレゼント

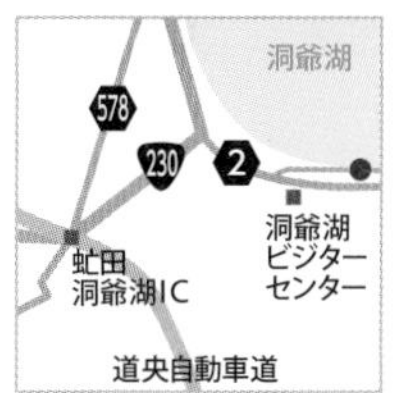

洞爺湖町洞爺湖温泉45　柴田屋ビル1F
☎ 0142-82-3020
時 11時～19時
休 基本水曜休み(祝日の場合は変更あり、Instagramにて毎月更新情報あり)

しぇりーず　あうとふぃったーす

JERRY'S OUTFITTERS ［旭川市］

本州からの来店者も急増中
魅力的な在庫力でワクワクさせる道北随一のギアショップ

旭川駅から約500メートルという立地にある、ショップ歴14年のアウトドアショップ。かつては、アメカジファッションを中心に取り扱っていたが、2018年からキャンプ用品の販売にも力を入れ、リニューアルオープンした。

レンガづくりのアーチのエントランスをくぐり、扉を開いて中へ入ると、中央に長い階段と高い吹き抜けが見える。やや暗めの店内は、おしゃれなライティングで雰囲気が良い。初めて入る人なら、一気に目に飛び込んでくる商品数に圧倒されるだろう。キャンプギア、ウエア、シューズなど、ジャンルも多岐にわたり、多彩な商品は見ていて飽きない。

店長の冨好祥(とみよし・しょう)さんがセレクトした話題のギアや、同じ上川管内の東神楽町にあるWHAT WE WANTの入手困難な商品なども定期的に入荷されている。商品は手にとって見られるように開封して陳列されているため、カラーだけではなくサイズや重さも比べることができ、見応えも充分だ。手の届きやすい価格帯のものから、こだわりの高価なギアまで、幅広い層に対応しているオールマイティーなショップ。店内でギアを眺めていると時間を忘れてしまうようなワクワクの空間なのだ。

▲2階には所狭しとギアが並ぶ。レアなアイテムと出会える可能性もあり。まるで宝探しをしているような気分にさせてくれる

オリジナルのヘリノックスチェア用のボアシートカバーは、裏地付きで、防寒性を向上させるカスタマイズ商品。ユーザーの強い要望から、カーミットチェアなどの木製チェア対応の商品も誕生した。

ショップが多い道央エリアでも出会えない人気ギアが入荷されていることもあり、足を延ばしてでも来店したくなるという声も多い。冨好さんが「リニューアルオープン後、キャンパーの来店者も年々増えている。夏休み時期には、本州からの来店者もいた」と言うように、キャンパーの間では、すでに北海道の観光スポットとなっている。トムとジェリーのネズミをオマージュしたキャラクターは、オリジナルアイテムにも数多く登場。店舗入口の通路には隠し穴が存在するので、訪問したときにはぜひ見つけてほしい。

▲キャンプシーンだけではなく日常から身につけたくなる上着や帽子、靴なども豊富だ

▲レンガづくりの細いアーチを通って店内へ。ワクワク感が高まる通路には隠し穴があるので見つけてほしい

◀釣りやキャンプギアに詳しい店長冨好さんとの話も来店者にとっては楽しい時間

◀オリジナル商品「KC BOA SEAT」は毛足の長いボアに帆布の裏地が付いている。こだわりのデザインと機能性が抜群だ(税込み9,680円)

キャンプ本特典

キャンプ本持参+税込み5,000円以上のお買い物で500円引き ※サービスは1回のみ有効

HP

旭川市2条通8丁目569-2
電 0166-25-5679
時 11時～19時
休 水曜休み

CAMP LABO［清水町］

きゃんぷ　らぼ

隠れ家的オートキャンプ場遊び小屋コニファーに誕生 十勝を代表する進化系ギアショップ

CAMP LABO代表の上妻諒太(あげつま・りょうた)さんは、札幌から地元十勝に戻ってアウトドアショップ開業を決意。「地元キャンパーにも喜ばれる十勝を代表するギアショップを誕生させたい」という思いから、十勝管内清水町にある隠れ家的オートキャンプ場遊び小屋コニファー内にあった母屋を改築して、2021年4月にオープンさせた。来場者の99％はキャンパー。たまたま立ち寄るような場所ではないが、キャンプ場内にあることが、この店の強みだ。

店舗を構えるこの場所は、上妻さんがキャンプで良く訪れていた場所だったという。キャンプ場のオーナーの加藤聖(かとう・せい)さんに「この敷地内にショップをつくりたい」とお願いしたところ、二つ返事で開業を応援してくれた。今ではキャンプ場内の作業も手伝い、加藤さんと共に多くのキャンパーを迎えているのだ。

しかし、問題点もあった。理想のショップに近づけるためには、スペースが小さかった。「来店客の期待に応えられる商品数に近づけるために、店舗をもっと広げたい」その思いを発信し、クラウドファンディングに挑戦。改装工事に向けて130人を超える支援者と約100万円の資金が集まった。「お店をサポートしてくれる人とのつながりを感じる良い経験になった」と上妻さん。店舗は倍以上に広がり、商品を並べる棚も増やした。取り扱いブランドは120を越え、商品数も1000以上に倍増した。店舗外にはテラス席も作られ、テイクアウトのドリンクも楽しめる。

販売しているアイテムは、初心者向けのキャンプギアではなく、“なくても良いけれど、あったらキャンプが

オンライン
ストア

▲ショップは、遊び小屋コニファーにある。快適さよりも川のせせらぎや、オーナーとの再会を待ちわびて来場する中・上級者キャンパーも多い

◀「キャンプ場の売店的役割も果たしたい」と話す上妻さん。まきや炭の販売、シュラフやテント、アウトドアサウナのレンタルもしている

▲CAMP LABOオリジナルキャンプコーヒーは、帯広にあるサワラコーヒーとのコラボ。モーニングコーヒーと、カフェインレスのミッドナイトコーヒーの2種類を販売(1袋100グラム税込み980円)

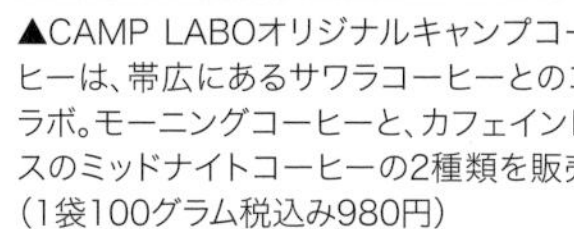

◀冷蔵庫には冷えた飲み物、オリジナルクラフトビール。レトルトカレーやスパイスなど、食品も多く取り扱う

もっと楽しくなるアイテム"が中心だ。ベテランキャンパーも多く集うキャンプ場にあるショップならではの品揃えなのだ。価格帯はやや高めだが、人気ギアの入荷の知らせを聞いて来店する人もいる。ショップへ向かう道からは日高山脈の山々が見え、白樺の木が立ち並ぶ北海道らしい風景が迎えてくれる。地元の鹿肉を使ったグリーンカレー缶も販売。オリジナル商品も多く、来場したからこそ得られる情報やもの、十勝の温かい人と出会える空間だ。ぜひ足を延ばして訪問してほしい。

▲2021年のオープン当初はこのスペースだけだった。広さも品揃えも倍増しているので改装前に来ている人も訪れてほしい

キャンプ本特典

キャンプ本持参+来店者にCAMPLABOオリジナルステッカー(税込み330円)を1枚無料プレゼント

清水町旭山2-56　遊び小屋コニファー内
090-6999-3794
時 9時～18時※冬季は17時
休 水曜休み(祝日の場合は営業)

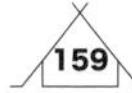

いーはぶ
EHAB(East Hokkaido Activity Base) ［釧路市］

観光コンシェルジュ常駐
レンタルも行う釧路管内のアウトドアショップ

East Hokkaido Activity Baseを略して、EHAB(イーハブ)。店舗があるのは、有名な釧路の観光スポット幣舞橋のすぐ横にあるフィッシャーマンズワーフMOOの1階。5階建ての建物内には、市場などの商業施設も複数入っている。

「初心者からベテランまで楽しんでいただける店舗にしたい」という店長の安藤逸人(あんどう・はやと)さん。ザックやウエアなど、日常でも使えるものから、北海道の寒い季節にも本格的なキャンプができるよう、ストーブやポータブル電源などの寒さ対策アイテムも多くセレクトしている。各商品には、スタッフ手作りのPOPが添えてある。価格だけではなく、商品の魅力や使い方を解説しているので、商品を知らなかった人にも選びやすい。店内にはテントや椅子などの常設ディスプレイもあり、おしゃれなキャンプスタイルを提案している。

来店の客層はファミリー層が中心だが、北海道外からの観光客も訪れる。レジの横には、釧路観光コンベンション協会と連携して設置された「観光コンシェルジュカウンター」があり、釧路湿原をカヌーでめぐるアクティビティの案内やレンタサイクルの受け渡しも行っている。スノーピークのポイント加盟店でもあり、長期レンタルできるキャンプ用品は、スノーピーク商品を中心とした人気の高いアイテムが揃っている。

キャンプ場で手軽に楽しめるレトルトの「ほえいとんカレー」や「北海道うにスパイス」、釧路市舟木米穀店の無洗米、釧路湿原をイメージした「Wet Land Blend(ウェットランドブ

HP

▲レジ横にある観光コンシェルジュカウンター。EHABではテントやタープ、焚き火台、椅子、テーブル、ポータブル電源などのキャンプ用品レンタルも行っている

▲釧路の老舗鉄工所の職人が手掛けるアウトドアブランド「Bundle Rays(バンドルレイズ)」。鉄板は溝に傾斜があり脂が落ちる仕組み。阿寒アイヌコンサルン監修の焚き火台や五徳の受注生産も受け付けている

◀猛禽類の研究・保護活動をしている施設「猛禽類医学研究所」のシェラカップ、ステッカー、タオルなどのオリジナルグッズを販売。売り上げの一部は保護活動に寄付される

◀道東へ遠征してきたキャンパーにとっても、ガス缶やパラフィンオイル、薪などの消耗品を現地調達できるショップがあるのは心強い

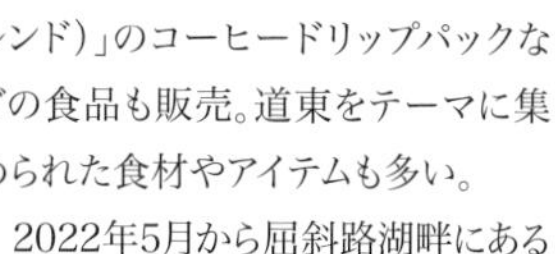

ンド)」のコーヒードリップパックなどの食品も販売。道東をテーマに集められた食材やアイテムも多い。

2022年5月から屈斜路湖畔にあるキャンプ場「EHAB Outdoor Field 和琴湖畔キャンプフィールド」を運営。釧路市内では、夕日を見ながらアウトドアを楽しむ「釧路夕焼け焚き火会」や「釧路まちなか遊び」も開催するなど、地域や観光を盛り上げる役割も担うショップ。道東エリアのアウトドアがさらに楽しくなるアイテムや情報と出会えるだろう。

▲スノーピーク会員はポイントが付与される。テントや焚き火台もサイズや種類が選べるほどの品揃えは購入検討者にとってうれしい

キャンプ本特典

キャンプ本持参+お会計金額より10%OFF※セール品対象外 ※利用回数1回限定(店頭にてスタンプを押印)

釧路市錦町2-4
フィッシャーマンズワーフMOO 1F
0154-65-5946
時 10時～19時(営業時間・休業日は1Fショッピングゾーンに準ずる)

ゆーぴーあい　おんねとー

UPI ONNETO ［足寄町］

HP

阿寒摩周国立公園内にある十勝管内足寄町の国設オンネトー野営場内に誕生した、株式会社アンプラージュインターナショナル（略してUPI）が運営するショップ。北欧、北米を中心とする海外アウトドアブランドの正規輸入代理店をしており、35を超えるブランド品を取り扱っている。UPIの直営店は表参道、鎌倉、京都と国内に3店舗があり、オンネトーは4店舗目。

秘境の湖、オンネトー湖畔にたたずむおしゃれな建物。テラスからは、美しい湖畔の景色を眺めることができる。足寄市街地から車で約40分。冬季は車の通行ができないエリアにあるため、店舗も野営場の営業期間と同じ6月1日から10月31日までの営業となる。「購入後すぐにフィールドで使えるものを中心にセレクトしている」という店内には、モーラナイフや焚き火アイテム、ウエアの販売、オンネトーブルーサイダーや足寄チーズ工房のチーズなど地元足寄町の特産品や、ガス缶や蚊取り線香などの必需品も並ぶ。また、店舗内で販売している商品を野営場でお試しできるレンタルも行っており、アウトドアサウナ体験も有料で可能だ。定期的にワークショップやイベントも開催されている。

「キャンパーだけではなく、観光客にも楽しめるようなお店づくりを目指したい」と店長の押谷啓汰（おしたに・けいた）さん。営業期間は5カ月間なので、訪問できるチャンスは意外と短い。ぜひ観光やキャンプ、登山とセットで訪れてほしい。

▲湖畔を散策観光する大型バスツアーもこの地を訪れる。コーヒーなどが飲食できるカフェスペースやテラスもあり休憩が可能だ

▲野営場の受付も行っており、シャワー室やトイレ施設も完備。キャンパーや登山者向けの売店の役割を担う

◀これまで携帯電話は圏外だったオンネトー湖畔エリア。無料のフリー Wi-Fiが使えるようになり、利用客に好評

キャンプ本特典

キャンプ本持参で店内で販売している珈琲一杯100円引き

足寄町茂足寄　オンネトー国設野営場内

☎ 0156-28-0115

時 10時～17時（6月1日～10月31日、期間内無休）

あるぺんあうとどあーずふらっぐしっぷすとあ　さっぽろはっさむてん

アルペンアウトドアーズフラッグシップストア札幌発寒店 ［札幌市］

「価値を売る」体験型アウトドアショップ

2020年、北海道に誕生したアルペンアウトドアーズの旗艦店。店内は屋内にもかかわらず、多数のテントが立ち並ぶ。テント内に置かれているギアは実際に使用している様子を思い浮かべやすいように工夫されて置かれている。Livingコーナーにはアウトドアチェアがずらり。「展示品でも自由に座り心地を確かめてほしい」と店長の三岡広太(みおか・こうた)さん。

体験型アウトドアショップをテーマにしており、ギアを見て触れて確かめてから購入できる「価値を売る」店づくりが、フラッグシップストアである札幌発寒店の強みだ。週末を中心に体験イベントを開催。テント設営会では、スタッフが設営の手順やコツ、注意点を丁寧に解説する。気になるテントやタープをスタッフと共に設営することが可能なサービスもあり、テントの張り方に自信がない人や、購入を検討している人から好評だという。

パラコードワークイベントは、シェラカップを購入すれば無料で参加できる。屋外ではまきストーブ実演会やストーブ体験会が行われることもあり、イベント開催日に対象アイテムを購入するとポイント還元などの割引もある。

中古買取も通年で

「あなたの大切なギアを、次へツナグ」をテーマに、2021年11月から通年で使用しなくなったキャンプ用品の中古買取を実施している。8つのカテゴリーであれば事前連絡なしに持ち込みが可能。豊富な知識をもったスタッフがその場ですぐに査定してくれる。査定額がアップするキャンペーンも行われるので、新しいギアへの買い替えを考えている人が利用できれば賢い買い物ができるかもしれない。

HP 

▲カラーバリエーションも豊富なので選ぶ楽しさも体感できる。プレゼント、ギフト選びにもおすすめだ

札幌市西区発寒9条12丁目1-15
☎ 011-671-5800
時 10時～21時

しゅうがくそう

秀岳荘 ［札幌市・旭川市］

自社に縫製工場をもつ
キャンパーの大きな支えとなる
北海道老舗のアウトドア店

創業は1956年（昭和31年）。北海道でアウトドアを楽しむ人なら、必ず耳にしたことがあるだろう有名店だ。北大店は、2021年に全面改装リニューアル、白石店もここ数年で各売り場がリニューアルされている。

登山用品小売でスタートした企業。今でも登山に軸足は置きたい方針だが、店内入り口近くに並ぶのは、シーズンごとに入れ替えられるキャンプギア。若いスタッフの意見も取り入れながら、北海道ならではのキャンプブランドの販売も増やしているという。ここ数年、利用してないという人が、来店したら驚くかもしれない。

来店者の年齢層も幅広い。話題品だけではなく、交換用パーツも在庫を揃えておこうという使命感があるそう。「他の店にはなくて困った人が、秀岳荘へ行ったらありそうだと思ってもらえるような店でありたい」と話すのは、白石店店長の鳥海信（とりうみ・しん）さん。

故障したときのパーツの取り寄せや、メーカーへの修理依頼の窓口もするなど、キャンプ用品が壊れたときの「駆け込み寺」としての役割を果たしている。秀岳荘で購入していないも

▲白石店の3階にある縫製工場。この日も縫製スタッフが多くの生地やミシンがある作業場で制作を進めていた

のでも、ブランドやメーカーとの繋がりがあれば、できるだけ要望に応えるというスタンスだ。指定買取店で買取金額5,000円ごとに1,000円の秀岳荘ギフト券がもらえるリサイクルキャンペーンを開催することもある。自転車の試乗会やウエアの試着会、テント展示会なども定期的に開催されている。時間があれば、いつも利用しているフロアだけではなく、他の階も見てみよう。きっと新たな発見があるはずだ。

▲自社に縫製工場があるのは全国でも珍しい。ユーザーの要望がきっかけで商品化につながったオリジナルアイテムもある

HP

▲2021年に全面改修された北大店。在庫があれば7日間の取り置きが可能なのもうれしいサービスだ

▲NANGAとコラボした秀岳荘オリジナルシュラフは、コストカットを目指して商品開発された

▲秀岳荘のメンバーズバッグで購入品を持ち帰ればSALE期間関係なく5%引きが適用される

北大店

札幌市北区北12条西3丁目2-15
011-726-1235
時 10時30分～19時30分
休 月曜休み(祝日の場合は翌日)

白石店

札幌市白石区本通1丁目南2-14
011-860-1111
時 10時30分～19時30分
休 水曜休み(祝日の場合は翌日)

旭川店

旭川市忠和5条4丁目10-11
0166-61-1930
時 10時～19時
休 月曜休み(祝日の場合は翌日)

鮮　魚
阿蘇商店
当店は
外税です
地方発送
承ります
たらこ

第６章

安くて新鮮！まるごとおいしい買い出しスポット

北海道キャンプの魅力の一つが、新鮮な海の幸、山の幸をバーベキューで楽しめることです。「北海道道の駅ガイド」（北海道新聞社）などの著書があり、北海道のおいしいものにとても詳しい花岡俊吾さんと北海道各地を旅し、キャンプ・グルメ・温泉などの様子を発信する人気ユーチューバーのまるななさんにキャンプ場での食材調達に便利なお店、行って後悔しない直売所を厳選して紹介してもらいました。

ほくれんくるるのもりのうちくさんぶつちょくばいじょ

ホクレンくるるの杜 農畜産物直売所 ［北広島市］

全道各地から選りすぐりの農畜産物が並ぶ直売所

ご存知ホクレン農業協同組合連合会が運営する直売所。道央自動車道の北広島IC近く、道道1080号沿いにある。エンジ色の2つのサイロが目印だ。大きな駐車場があり、敷地内には人気の「農村レストラン」も店舗を構える。

直売所の店内はさながらスーパーマーケットのようだ。でも、じっくり品物を見ていると、普段見かけないレアな商品が多いことに気づく。野菜や果物は近郊のJAのほか全道各地から旬のものが届く。精肉コーナーはすべて北海道産だ。道内各地のいわゆるブランド牛肉が集まる。キャンプに向かう目的地のものを探し求めるのも楽しい。お酒コーナーも充実している。こちらも全道各地から日本酒やワイン、焼酎などが並ぶ。

希少な部位が産地から集まる精肉コーナー

2つの大きなサイロが目印の外観

北広島市大曲377-1
011-377-8700
時 10時～17時

えにわのうちくさんぶつちょくばいじょかのな

恵庭農畜産物直売所かのな ［恵庭市］

道の駅に
隣接して建つ

恵庭市内の野菜類で あふれる道の駅隣接施設

札幌方面から国道36号を南下して恵庭や千歳、支笏湖方面に行くキャンパーにはぜひ寄ってほしい。いつも車でごった返している印象がある人気の道の駅「花ロードえにわ」の一角に直売所がある。店内では恵庭市内を中心とした70軒ほどの生産者が育てた野菜や山菜など約500品目を販売する。店内調理の惣菜コーナーもあり、こちらも人気を集めている。店は通年で営業する。冬季間もハウスで育てられた野菜類が並ぶ。店の裏手には「花の拠点はなふる」も整備されている。

恵庭市南島松817-18
0123-36-2700
時 9時～17時（季節により異なる）

のっぽろやさいちょくばいじょ／ゆめちからてらす

のっぽろ野菜直売所／ゆめちからテラス ［江別市］

店舗は道道
江別恵庭線に
面している

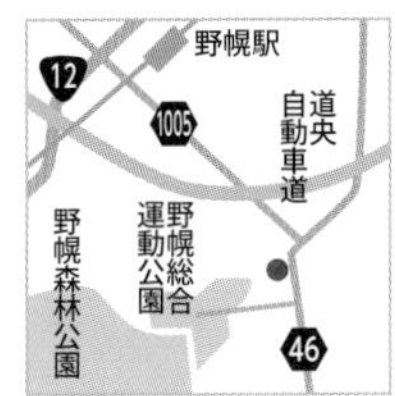

江別と野幌地区から 旬の野菜類が集まる

江別・野幌地区の生産者130軒ほどから届く新鮮な野菜類が売られる直売所。

店内には季節にあわせて商品が移り変わっていく。春は山菜からグリーンアスパラへ。夏はトマト・ナス・キュウリなどが置かれるほか、注目のブロッコリーが並ぶ。江別市はブロッコリーの生産量が全道一。農家を束ねるJA道央によれば「茎まで甘い！」ブロッコリーだとか。

直売所が入る建物は「ゆめちかテラス」と名付けられ、「夢パン工房」とソフトクリームなどを提供するテイクアウト店が入る。パン店には石窯が置かれ、いい香りがただよっている。

江別市西野幌107-1
011-382-8319
時 4月中旬～11月下旬、9時～16時

しゅんせんぎょこうちょくそうことぶきや

旬鮮漁港直送ことぶきや ［南幌町］

漁協直送のカキが味わえる

約300キロ離れた道東の厚岸カキが札幌から東へ車で1時間。内陸の空知管内南幌町の「旬鮮漁港直送ことぶきや」で購入できるのだ。漁協から直接仕入れている産地直送のカキ（写真は厚岸のカキ「マルエもん」）は、大ぶりで肉厚。お好みでレモンやポン酢をかけてもよし、何もかけずそのままの味を楽しむのもよし。生で食べるのもよいが、キャンプなら豪快に炭火焼きやガンガン焼きにするのもオススメ。

生食でも食べられる新鮮なカキは火を通しすぎない焼き加減を楽しんだ後、旨味をたっぷりと含んだ残り汁を肴に1杯やると「あぁ！北海道にいてよかった！」と至福の時間を味わえるのである。サイズはM ～ 3Lで好きなサイズを1個から購入可能。カキのほかホッケ・サンマ、運がよければ活ホタテ・活ホッキも購入できる。海鮮キャンプを楽しみたい時にはうってつけ。南幌町周辺にはキャンプ場も多いので行きがけに立ち寄れるのもうれしい。

冷凍ホッケ・サンマも並ぶ

2階レストランでランチが味わえる

南幌町中央4-8-1
📞 011-398-9433
時 10：00 ～ 18：00（物販）
休 水曜定休（時化の漁港直送ができない時・イベントにより土日休業あり）

らいすらんどふかがわ

ライスランド　ふかがわ ［深川市］

お米製品が充実した道の駅

白めしも良し、おにぎりにしても良し。品質の良い米どころで知られる深川市にある道の駅。館内では、オリジナルのブレンド米が販売されているほか、深川産米粉を生地に使用した「こめッち焼き」など、お米関連の商品が並ぶ。常時10種類以上が並ぶおにぎりは、ボリューム満点の大きさで、お薦めだ。道の駅の前には地元産米が24時間買える自動販売機が設置されていて、夜遅くに寄っても買えるから便利だ。販売されているのは精米されたうるち米、もち米、パックの米飯。いずれも300グラムで価格は250 ～ 300円。自販機内は低温に保たれ、品質保持にも配慮されている。

いつも多くの人で賑わう道の駅

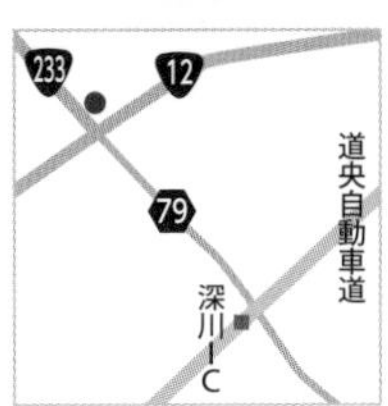

深川市音江町字広里59番地7
0164-26-3636
時 9時～ 19時（季節により異なる）

いしかりあいろーどあつた

石狩「あいろーど厚田」 ［石狩市］

新鮮な野菜が並ぶ地場産品販売コーナー

日本海に沈む美しい夕日で知られる国道231号沿い、石狩市役所から約30キロの地点にある道の駅。館内に入ると、1階には厚田産のそば粉を使った十割そばが名物のそば店のほか、新鮮な野菜なども並ぶ地場産品販売コーナーがあるので、バーベキューの食材調達に利用できる。エスカレーターで2階に上がると、焼きたてピザとパンのお店、厚田産ニシンと数の子の親子押し寿司のお店、月替わりで約10種類が並ぶジェラートのお店と、個性豊かなお店が3店並び、いずれもテイクアウトもできる。3階の展望バルコニーからは、晴れた日には手稲山、遠く積丹半島まで見渡せる。

道の駅としては珍しい3階建て。海の景色を一望できる3階の展望ラウンジが好評だ

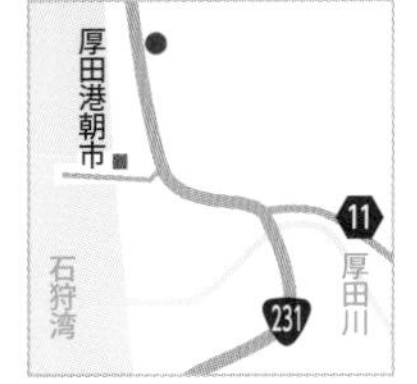

石狩市厚田区厚田98番地2
0133-78-2300
時 10時～ 16時（飲食テナントは10時30分～ 16時）
※季節により異なる

いしかりわんぎょきょうあさいち

いしかり湾漁協「朝市」 [石狩市]

商品が
売り切れ次第
終了になる

札幌からも近い 石狩湾新港での朝市

石狩湾新港の東ふ頭で、4月初旬から7月上旬まで毎日開催される市場。港近くの道路に面してプレハブ小屋の店が7軒ほど並んでいる。各店はいずれも地元の漁師さんの直営店だ。春はカレイ・ヒラメ・タコ・ソイ・ホタテなどが中心。糠ニシンやホッケの開きなども並ぶ。6月にかけてシャコが出てくる。店は商品が売り切れ次第終了となるので、午前中の早めの時間に訪問したい。なお、同じ場所で9月から10月中旬まではサケの直売所となる。この時季もあわせて利用したい。

石狩市新港東ふ頭(石狩市新港東4-800-2)
📞 0133-62-3331(石狩湾漁業協同組合本所)
時 4月初旬～7月上旬の毎日7時～14時頃まで

あつたこうあさいち

厚田港朝市 [石狩市]

食べ方の
工夫などが
書かれた
ポップも
置かれている

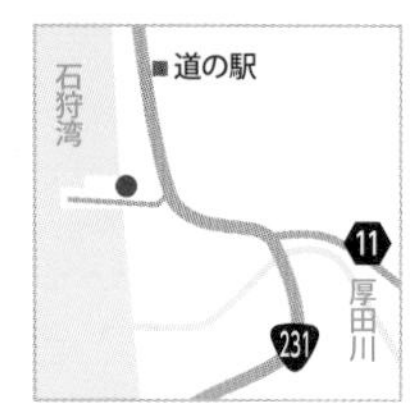

漁港の横でシーズン中 毎日開催される朝市

札幌市内中心部から1時間ほど。国道231号を北上して厚田の市街地に入り、厚田港の横にある朝市。4月初旬から10月中旬の毎日、開催される。コの字型に20軒ほどのお店が立ち並び、中央にはイスが置かれた広場のようになっている。目の前の日本海から獲れる、カレイ・ヒラメ・タコなどが並ぶ。夏にはウニやホタテなどが殻付きの状態で購入することができる。9月からはサケがメインになっていく。こちらも商品がなくなり次第閉店するので、早めに訪問するのが得策だ。

厚田漁港内(石狩市厚田区厚田7-4)
📞 0133-78-2006(石狩湾漁業協同組合厚田支所)
時 4月初旬～10月中旬の毎日7時～14時頃まで

たんのしょうてん
丹野商店 [石狩市]

乾き物と珍味が大量に販売される商店

石狩市街地から北へ国道231号を進むと、左手に大きく「海産品」と書かれたお店が見えてくる。気になっていた人も多いことだろう。店内は釣り具&レジャー用品とともに売り場のメインを占めるのは大量の乾き物と珍味の商品だ。これでもか、といったほどズラリと並んでいる。その奥の一角には、鮮魚や干し魚が並ぶコーナーがある。季節によっては、近郊の果物や野菜類も出入り口付近に置かれる。この道を通る際にはぜひ、チェックしていきたい。

乾き物の品ぞろえに圧倒される

石狩市新港東3丁目65-15
📞 0133-62-4155
時 10時～18時
休 元日のみ休み

かきざきしょうてん
柿崎商店 [余市町]

鮮魚コーナーとお酒コーナーが充実する

余市駅前、国道5号に面してオレンジ色の外観の店。週末は付近の道路が渋滞になるほど、客が集まる。人気の秘密は鮮魚コーナーにある。地元余市漁港で揚がる魚をメインに、道内各地から届く生魚が氷の上に並べられている。干し魚や加工品なども充実している。道内産のものが中心の野菜コーナー、お酒のコーナーには余市産のワインや小樽のワイン、ニッカウヰスキーの製品が並んでいる。店舗の2階には「海鮮工房」という食堂があり、海鮮丼などを求める長い行列ができている。

余市をメインに道内各地の新鮮な魚介類が並ぶ

余市町黒川町7丁目25番地
📞 0135-22-3354
時 店舗は9時～18時、海鮮工房は10時～18時

にせこびゅーぷらざ

ニセコビュープラザ ［ニセコ町］

珍しい野菜に出会える人気の道の駅

国道5号と道道66号の交差点近くにある道の駅。蝦夷富士・羊蹄山をドンと眺めることができる人気の道の駅だ。ここの直売所は地元の農家60軒ほどから500～700品目にもなる多彩な野菜類が集まることで知られている。珍しい野菜もたくさんあることから、札幌からわざわざこの野菜目当てに訪問するファンも多いと聞く。野菜ソムリエの資格を持ったスタッフも多く在籍することから、気になったものはどんどん尋ねてみよう。

目の前にそびえる羊蹄山

ニセコ町字元町77番地10
📞 0136-43-2051
時 9時～18時（直売所、テイクアウトコーナーは季節により異なる）

なんたるいちば

南樽市場 ［小樽市］

国道5号に近く、地元客でにぎわう市場

場内は通路をはさんで両側にお店が並ぶ、昔ながらのスタイルの市場。鮮魚店が一番多く、海産物店・青果店・精肉店・食品雑貨店など30店舗近くが営業する。市場のいいところは、見慣れぬ魚などがあった場合、お店の人に食べ方や保存方法などを聞けばおしえてくれるところ。こまめに通えば、旬の魚から季節の移ろいを感じることもできる。市場の一角には、寿司店と食堂も入る。コーヒースタンドがあったり、休憩コーナーもある。長居もまた、楽しい。

阿蘇鮮魚店の阿蘇裕文さんは魚のスペシャリストだ

小樽市新富町12-1
📞 0134-23-0722
時 9時～18時
休 日曜休み

じゅかいろーどひだかさるくる

樹海ロード日高「さるくる」［日高町］

地元有志が立ち上げた お店に品物が集まる

道央圏と十勝圏を結ぶ国道274号、通称樹海ロードと呼ばれる日高管内日高町にある道の駅。近くには人気の「沙流川オートキャンプ場」のほか、かなやま湖方面、平取方面への交通の要衝になっている。道の駅内にショップ＆コミュニティスペースがあり、地元日高の野菜や海産物が販売されている。肉類や乳製品のほか、薪もあるので便利である。テイクアウト品も充実している。日高の名物を気軽に味わえる。

店頭に並ぶ新鮮な野菜

日高町本町東1丁目298-14
道の駅樹海ロード日高内
☎ 090-2069-6217
時 9時～17時（季節により変動）

すーぱーくまがい

スーパーくまがい［白老町］

スーパー内の食堂で 海鮮丼が人気の店

店内食堂コーナーで驚きの海鮮丼が提供されるスーパーマーケット。立地は胆振管内白老町の住宅街にあって、いたって普通のスーパーの体だ。しかし、店内を歩けば、特に鮮魚コーナーにはびっくりさせられる。「白老産」と表示された魚類がたくさんパック化されている。精肉コーナーにはもちろん白老牛がある。この店の人気はなんといっても食堂コーナーである。人気の海鮮丼は旬の魚貝8種類のネタがのって、大は2,980円。中は1,980円で提供される。マグロ丼や貝三種丼などがあるほか、白老牛丼や定食類が味わえる。

スーパーくまがいの外観

白老町本町1丁目9-41
☎ 0144-82-3939
時 9時30分～20時（土日9時～）
休 なし

うみのえきぷらっとみなといちば

海の駅ぷらっとみなと市場 ［苫小牧市］

市場の活気ただよう 21店舗が営業する

胆振・日高方面の太平洋沿いにあるキャンプ場に行く際にはぜひ立ち寄りたい市場。朝7時から営業している。苫小牧の名産ホッキ貝をはじめ、新鮮な海産物がずらりと並んでいる。

市場のルーツは1954年（昭和29）年、苫小牧駅前にあった朝市に始まる。現在の西港近くに移転しても、そのにぎわいは変わらない。鮮魚店に青果店、食堂やラーメン店。おみやげ店に軽食喫茶。個性あふれる21店舗が、それぞれ自慢の商品やメニューで勝負している。観光市場にありがちな余計な声がけなどは一切ない。安心して通路を歩くことができる。

食堂街のメニューも豊富だ。名物の「ホッキカレー」は各店が提供している。個性あふれる自慢の味をぜひ味わっていこう。敷地内には「ほっき貝資料館」もある。ちょっとシュールな展示内容をとくと楽しんでほしい。

建物が2棟並んで建っている

活気あふれる店内

苫小牧市港町2-2-5
0144-33-3462
時 7時～16時
休 水曜休み（祝日の場合は全店営業）

はこだてじゆういちば

はこだて自由市場 ［函館市］

電車通りから見た外観、駐車場は裏手だ

函館市民とプロ料理人が利用する老舗市場

函館市内に店を構えるプロの料理人が仕入れに来る市場として知られるのが「はこだて自由市場」である。80年近くの歴史があり、鮮魚店を中心に塩干物店、青果店など約40軒が並んでいる。観光客相手ではないため、何本もある通りを歩いていても余計な声かけなどは一切ない。安心してじっくり品定めができる。函館と言えばイカだ。市場内では、活イカの釣りにチャレンジできるコーナーもある。イカ刺しにしてその場で味わうことも可能。新鮮なスルメイカを買い求め、刺身や炭火でじっくりと味わおう。

函館市新川町1-2
㉄ 0138-27-2200
㊋ 8時～ 17時30分（店舗により異なる）
㊡ 日曜休み

ところみちのいち／ながたすいさん

ところ道の市／永田水産 ［北見市］

国道沿い、目を引く黄色い外観

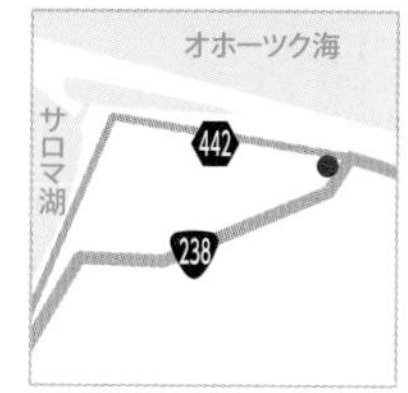

オホーツク管内最大級の鮮魚市場

サロマ湖の西側、浜佐呂間の市街地近く、国道238号沿いにある。黄色い外観が目を引く。畑の中にある魚屋さんはオホーツク管内最大級の海鮮市場だ。地元で民宿やレストランを営む永田水産が経営する。店内には大きな水槽があり、ホタテ・カキ・アサリ・ホッキなど貝類をメインに干物・珍味・冷凍ものなど種類も豊富にある。「わけありコーナー」もあって人気だ。隣接する「炭焼小屋」では店で購入した魚介類をその場で焼いて味わうこともできる。

北見市常呂町岐阜10-3
㉄ 0152-54-1717
㊋ 9時～ 17時
㊡ 1月は休業

わっかないふくこういちば

稚内副港市場 ［稚内市］

稚内港に面して 国内最北の市民も集う市場

稚内の「海の駅」として2007年に開業した複合施設が、2021年にリニューアルオープン。装いを新たにしている。館内1階には地元の老舗「魚常明田鮮魚店」が入り、稚内で獲れた海産物や利尻・礼文から運ばれたコンブ類などが販売される。鮮魚はもちろん、干物や冷凍物などがずらりと並ぶ。広い館内には飲食店も入る。人気の海鮮丼をはじめ、定食やカレー・ラーメンなどが味わえる。2階には「稚内市樺太記念館」があり、明治から昭和へと樺太40年のあゆみと稚内とのつながりを紹介している。国内最北の地への「宗谷岬アタック」や、利尻・礼文への旅キャンプの前後には必須の立ち寄り処である。なお温浴施設も再開している。

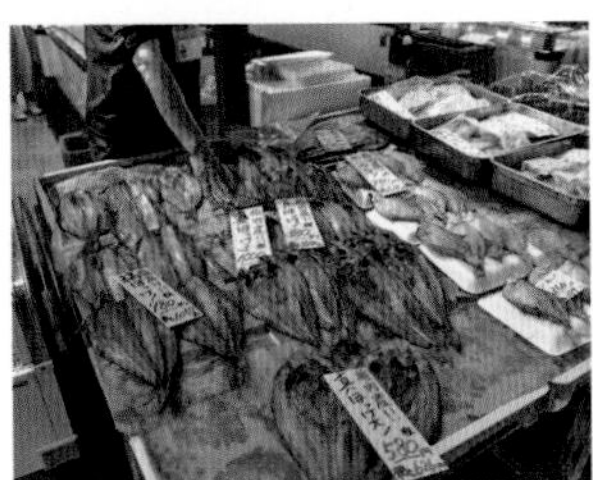

稚内産の真ホッケや宗八カレイが売られる

広い駐車場が国道に面してある

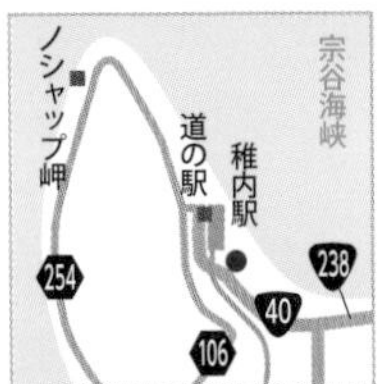

稚内市港1丁目6-28
📞 0162-29-0829
時 8時～18時
休 無休

るもいえきまえじゆういちば

留萌駅前自由市場 [留萌市]

昔ながらの雰囲気が残る、留萌の駅前市場

留萌駅前にあって、昭和のかおりを残す市場。鮮魚店・青果店・精肉店・かまぼこ店の4店が営業する。その中心的な存在は地元の老舗「長田鮮魚店」だ。創業60余年、3代目がお店を守る。春はカレイやニシン。夏はウニ。秋はサケなどを格安で販売している。珍しい魚もある。その場合は食べ方やさばき方を聞いてみよう。対面販売のいいところだ。

新鮮な
魚介類が並ぶ
長田鮮魚店

留萌市栄町1丁目1-10
℡ 0164-42-2547(長田鮮魚店)
時 8時30分～17時30分
休 不定休

うすやぎょこうちょくばいてんどおり

臼谷漁港直売店通り [小平町]

地元漁師さんの個人経営の店が並ぶ通り

注意深く国道を走っていなければ見過ごしてしまうかもしれない。留萌管内小平町の市街地と留萌市のあいだ、国道232号から1本中に入った通りには、地元の漁師さんたちが営み、加工作業などを行う「お店」がズラリと並んでいる。その風景はまるで市場のようだ。小平名物のタコやホタテは通年で販売。夏はウニ、秋には鮭トバなどが人気の品。旭川からわざわざ通う常連さんもいるとか。なお、各店舗は個人経営の店なので、営業時間などは個別に問い合わせしてほしいとのこと。

個人経営の
直売店が並ぶ

小平町臼谷
℡ 時 休 個別による

あっけしぎょぎょうきょうどうくみあいちょくばいてんえーうろこ

厚岸漁業協同組合直売店エーウロコ ［厚岸町］

カキ・アサリ・サンマ。厚岸の魚貝が買える店

国道44号から道道123号・別海厚岸線に入って、厚岸大橋のたもとにある直売店。地元の厚岸漁協が運営する。厚岸はその独特かつ複雑な地形ゆえに、魚介類の生育には最適な場所になっている。汽水湖である厚岸湖があり、その湖が厚岸湾とつながっている。さらにその沖合の太平洋は暖流と寒流が交差する潮目になっている。こうした環境により、カキは国内で唯一、通年で出荷ができる。中でも「カキえもん」というブランドカキは絶品だ。アサリは道内No.1の生産量。サンマは「大黒さんま」としてブランド化されている。店内ではカキの販売コーナーが大きく圧巻だ。2段になった水槽がずらりと並び、ブランドカキがぎっしりと入っている。買いすぎには注意しよう。

ブランドのカキがびっくり価格で買える

円形のベージュの建物が店内だ

厚岸町港町5丁目3番地
📞 0153-52-0117
時 10時～16時
休 火曜と年始休み

せんのすけほんてん
釧之助本店 ［釧路町］

釧路の魚を見て食べて買えるテーマパーク

釧路町内、国道44号沿いにあり、波と鯨をイメージした全面ガラス張りのクールな建物が目印。釧路に本社がある水産加工会社（株）マルサ笹谷商店の直営店として運営されている。「販売・飲食・水族館」の3つの機能があり、魚を楽しむテーマパークのような施設になっている。

店内入口には巨大円柱水槽があり、訪問者をびっくりさせる。直径約4メートル。見上げる高さは8メートルというブルーにきらめく水槽には、エイやサメなどが悠々と泳ぐ。店内販売コーナーには、フロア一面に魚が並ぶ。魚・魚・魚と圧巻の売り場が展開されている。自慢の一夜干しをはじめ、釧路近郊で獲れる魚介類がズラりと並ぶ。

館内には海鮮丼などが味わえる食堂があるほか、バーベキューコーナーもある。2階にはくしろ水族館「ぷくぷく」もあって身近な魚から珍しい魚まで約30の水槽が楽しめる。

入り口にある巨大水槽がお出迎えする

ガラス張りのクールな外観

釧路町光和4-11
📞 0154-64-5000
時 9時～21時※各店舗により営業時間が異なる

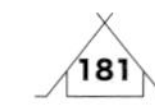

とかちむら ［帯広市］

帯広市内にあって十勝エリアの食材が買える

　ばんえい十勝／帯広競馬場の隣に立地し、もともとは、ばんえい競馬のにぎわいを創出する事業の一環として整備された。この複合施設の中には「産直市場」があり、帯広のものはもちろん十勝一円から集められた特産品が並ぶ。野菜類を中心に、パンや加工品、肉などが販売されている。

　「とかちむらキッチン」には帯広名物の豚丼店や、スイーツを提供する店、カフェなどが入る。ウッドデッキテラスからは、目の前で繰り広げられるばんえい競馬のレースを見ることできる。砂ぼこりを上げ、力強く重いそりを引く馬たちの勇姿を見ていきたい。

いくつかの建物があり
モールのようになっている

すぐ横でばんばの走りを見ることができる

帯広市西13条南8丁目1番地
☎ 0155-34-7307（10時～ 18時）
時 10時～ 21時（各店舗により異なる）
休 水曜定休（各店舗により異なる）

しれとこ・らうす

知床・らうす ［羅臼町］

豊富な知床の魚貝類を買って味わう

北海道の四方、いわゆる岬があるエリアはさいはて感が漂う旅情あふれる場所が多い。岬の先端には行けないものの、ここ羅臼もそんな旅人が集うまちのひとつだ。このまちの中心部、羅臼漁港近くの国道沿いに道の駅がある。館内は観光案内を行うインフォメーションコーナーと、羅臼漁業協同組合の直営店「海鮮工房」、レストラン・海産物直営店の「らうす深層館」の3つがつながっている。道の駅でありながら、さながら地元の市場のような雰囲気になっている。羅臼が面する根室海峡の海は、水深1,000メートルまで急激に深くなっている。そんな独特の地形ゆえに、1年を通じて50種類以上の魚が獲れる。食材調達に、海の幸のグルメ堪能に、新鮮な知床の味を味わいたい。

地元・羅臼産の魚介類がいろいろ買える

駐車場は広くはないが回転はいい

羅臼町本町361-1
📞 0153-87-5151
時 9時～17時（4月～10月）、10時～16時（11月～3月）
休 年末年始休み

第７章
キャンプ場で飲みたい ワイン・日本酒・コーヒー

満天の空の下、キャンプでたき火を囲う晩酌、朝の静寂のなか、ゆっくり味わうコーヒーは格別です。日常から離れ、大自然に囲まれているからこそ、より香り高い味わいが楽しめて、ウマさを存分に味わえるのかもしれません。アウトドアライターとして、新聞、雑誌、webなど、さまざまな媒体で活躍するタカマツミキさんにキャンプ場でこそ味わいたい北海道各地の極上のワイン、旨い酒、こだわりのコーヒーを教えてもらいました。お店のご厚意で、この本を持っていくとサービス特典がある店もあります。ぜひ一度味わってみましょう。

ほっかいどうわいん

北海道ワイン ［小樽市］

HP

朝里ICより車で約10分。無料駐車場完備（約50台）

キャンプはもちろん、日常で楽しむワインのおすすめはコレ

「北海道ワイン」の直売所「おたるワインギャラリー」。ここには100種類を超えるワインがずらりと並ぶ。その中でも「北海道ケルナー」（税込み1,760円）と「北海道ツヴァイゲルト」（税込み1,760円）は、値段も味わいもちょうどよく、筆者が長年愛飲しているワインだ。北海道ケルナーは柑橘系の華やかさが楽しめ、適度なボリューム感もありながら、スッキリとした味わい。アヒージョやアクアパッツァなど魚介を使った料理と相性抜群だ。北海道ツヴァイゲルトは、ミディアムボディで重みも適度にありつつ、スパイシーな香りと柔らかな渋みが最高においしい。牛やラムなどの肉料理と合わせて楽しめる。ちなみに、両ワインは飲む楽しみもあるが、煮込み料理やコクを出すために使うのもおすすめ。おたるワインギャラリーでは、無料・有料試飲はもちろん、ワインとよく合う地元食材の販売もある。

ワインソムリエが常駐。好みに合わせたワインを見つける楽しさも

小樽市朝里川温泉1-130
電 0134-34-2187（おたるワインギャラリー）
時 9時～17時
休 無休（年末年始は休み）

キャンプ本特典 キャンプ本持参で厳選スパークリングワイン1杯orジュース1杯サービス □1冊1特典です

きゃめるふぁーむわいなりー

CAMEL FARM WINERY(キャメルファームワイナリー)［余市町］

HP

世界に通用するワインを

最新技術を駆使し、世界に通用するワインづくりを目指す「CAMEL FARM WINERY(キャメルファームワイナリー)」。畑に隣接する醸造所では収穫期になると毎日ぶどうの状態を分析、数値化し、イメージした理想のワインに最適な状態のぶどうを収穫する。中でも「LEGAMI Private Reserve」は、エゾシカや牛肉の料理におすすめの赤ワイン。ワイン自体に黒胡椒や白胡椒などのニュアンスがあるため、バーベキューなど肉料理と合わせるのがピッタリ。また、まったりと海を眺めながら飲むのに最適な「LEGAMI Extra Dry」もチェックしてほしい。やや辛口のスパークリングワインで、レモンやライムのような柑橘系の爽やかな香りが感じられる。アルコールが苦手な人でもすんなり飲め、ハマってしまうような味わいのワインだ。併設のショップでワインの購入が可能。北海道産の木を使用した温湿度管理ウォークインワインセラーも必見！

ワイナリー併設のショップ＆カフェ。いろいろなワインの試飲ができる

天気が良い日には、テラス席へ。一面に広がるワインぶどう畑が目の前に

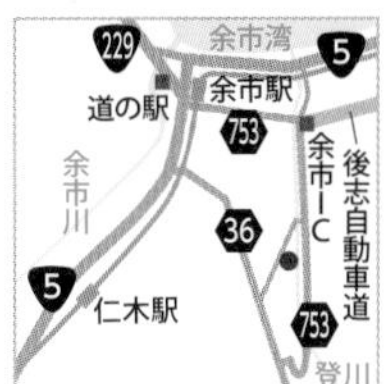

余市町登町1728(ショップ)
0135-22-7701
時 10時～17時
休 夏季(4月～10月頃)火曜休み、冬季(11月～4月上旬)月・火・水曜休み
※HPの営業日カレンダーを確認

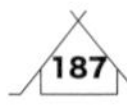

HP

はこだてわいん ［七飯町］

お手頃価格で
おいしいワインを

函館駅から車で約30分。渡島管内七飯町の赤松街道沿いに「はこだてわいん葡萄館本店」がある。日本人の味覚に合わせる“日本のワイン造り”を目指しているワイナリーだ。おすすめのワインは、「ワイナリーでしか買えないワイン　プレミアム（赤）」という商品。北海道産メルローをメインに、数種類のブドウをブレンドしたライトボディの辛口。一口飲むと、葡萄の香りがふわっと広がり、ほどよく尖りのついた酸味と渋味がちょうど良い。後味はサラッとしている。チーズとの相性が抜群で、ナチュラルチーズやカマンベールチーズとベストマッチ。チーズを食べた後、一口飲むと尖った酸味がまろやかになる瞬間がおもしろい。チーズを使った肉料理にも合うだろう。税込み1,650円と手の出しやすい価格がうれしいところ。個人的にポテトのスナック菓子と合わせるのも大好きだ。

キャンプ本特典
キャンプ本持参＋葡萄館本店でソフトクリーム購入10% OFF

広々とした店内。種類が豊富な試飲ワイン

隣接したワイン工場見学も可能（要予約）

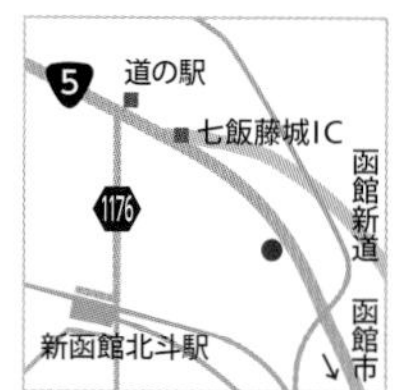

七飯町字上藤城11番地
☎ 0138-65-8170（直営店・葡萄館本店）
時 10時～17時30分（4/1～12/31）
　10時～17時（1/1～3/31）
休 水曜休み

いんじょう

ワイン城［池田町］

HP

フレッシュでフルーティーな味わいの白ワイン

池田町にあるワイン城が販売している「夕映えの城　白」（税込み2,640円）は、筆者がおすすめするワインだ。やや甘口で、口に含むと華やかなぶどうの香りが通り抜け、ほどよい酸味と優しい甘みが楽しめる。約8～10度くらいに冷やすとおいしく飲めるため、ワインを購入したらクーラーボックスに入れてほしい。香り高くスッキリとしているため、白ワインが苦手な人でも飲みやすい。筆者の個人的な意見だが、同ショップにある「和ちいず」との相性は抜群だと思う。これは、池田町産の山わさびを北海道産チーズに練り込み、十勝ワイン白を隠し味に加え、ピリッとした辛さが新感覚の創作チーズ。一口サイズにカットされているため、わざわざ切らなくてもいいのがうれしいところ。ふるさと納税でも人気の商品とのことだ。

「和ちいず」

キャンプ本特典
キャンプ本持参＋税込み3,000円以上購入で、トカップミニ（200ml）赤1本プレゼント（2023年12月末日まで）

さまざまな種類の十勝ワインが所狭しと並ぶ

ワイン城周辺の斜面に、池田町独自の品種「清舞」「山幸」が植えられている

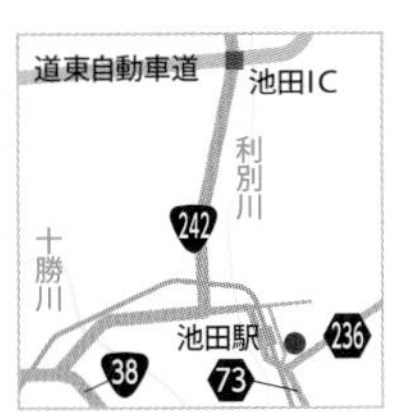

池田町字清見83-4
015-578-7850
時 9時～17時
休 年末年始休み
※レストランのみ火曜定休

はっけんざんわいなりー
八剣山ワイナリー ［札幌市］

HP 

隣にあるレストランで、地元食材の料理と八剣山ワインのマリアージュが楽しめる

ワイン好きからも「おいしい！」と好評

「八剣山ワイナリー」の「Berulu」（税込み2,420円）はワイナリー隣の八剣山キッチン&マルシェで購入可能。ミディアムボディでほどよい酸味があり、ワイン好きも納得の味わい。ジンギスカンとのペアリングがおすすめだ。ソロ飲みにちょうどいい250mlもある。

札幌市南区砥山194-1
☎ 011-596-5778
時 10時～17時（マルシェ）
休 不定休、HPで案内

ワインの購入は「八剣山キッチン&マルシェ」で

キャンプ本特典
キャンプ本持参+3,000円以上購入でジェラート（シングル）1個プレゼント

おさわいなりー
OSA WINERY（オサワイナリー） ［小樽市］

HP 

幅広い食事と楽しめる、飲まさるワイン

夫婦で営む小さな「OSA WINERY（オサワイナリー）」。辛口・白ワインの「O（オー）dosanco bianco」は、料理がよりおいしく食べられるおすすめのワインだ。上品な香りの中にキレ、ほろ苦さや柔らかい甘さが感じられる。軽く冷やして、北海道産食材と合わせて楽しんでほしい。

栽培・醸造・デザイン・販売の全てを一貫して夫婦が手掛けている

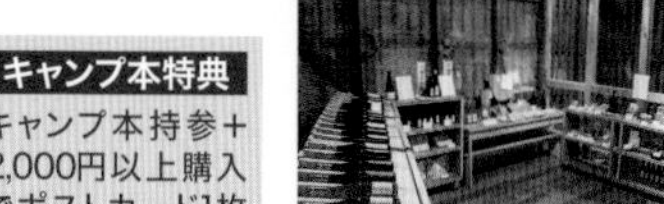

築100年以上の軟石蔵をワイナリーとして活用。歴史の趣を感じる

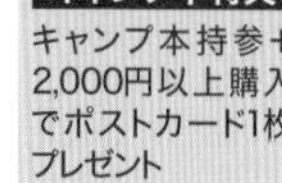
キャンプ本特典
キャンプ本持参+2,000円以上購入でポストカード1枚プレゼント

小樽市色内1-6-4
☎ 0134-61-1955
時 ショップは土曜のみ営業（13時～17時）
※facebook、Instagramにて要確認

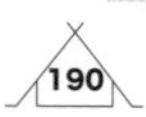

にせこわいなりー

ニセコワイナリー ［ニセコ町］

HP

希少なオーガニックスパークリングワインが味わえる

オーガニックスパークリングワインの栽培・醸造・販売の全てを行なっている「ニセコワイナリー」。おすすめは「スペシャル キュヴェ」（税込み5,500円）だ。青りんごのような香りとクリアですっきりした味わいが特徴。エビやシャコなど甲殻類の刺身との相性も抜群だ。

看板が目印。天気がよければ雄大な羊蹄山が眺められる

ワイナリー共同運営者・絵本作家「本間眞由美」さんの絵本が並ぶ

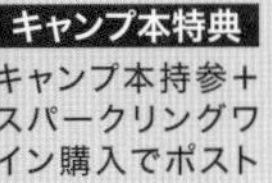

キャンプ本特典

キャンプ本持参＋スパークリングワイン購入でポストカードプレゼント

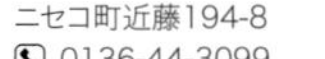

ニセコ町近藤194-8
📞 0136-44-3099
時 毎日12時～13時30分
休 不定休

ふらのワイン ［富良野市］

HP

北海道ならではのワインを求めている人へ

ヒグマが好んで食べる山ぶどう。その自社交配品種である「ふらの2号」と「ツヴァイゲルトレーベ」を使った「羆（ひぐま）の晩酌」は、山ぶどうの酸味とコクが感じられるスパイシーな辛口赤ワインで、肉と相性抜群！　焼肉はもちろん、ジビエ料理と一緒に味わって欲しい。

地下から順路に沿って、ワイナリー工場見学ができるのもうれしい

売店には工場限定品やヴィンテージワイン、果汁を原料にした加工品も

キャンプ本特典

キャンプ本持参でチョコレートプレゼント

富良野市清水山
📞 0167-22-3242
時 9時～17時
休 年末年始休み

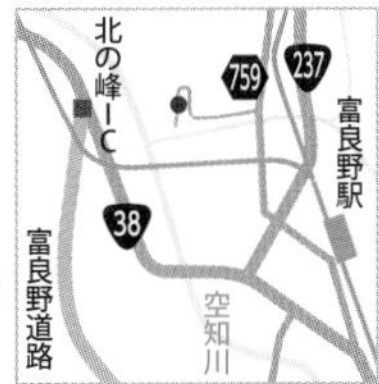

ましけふるーつわいなりー

増毛フルーツワイナリー ［増毛町］

HP

こだわりの増毛町産りんごを使ったシードル

留萌管内増毛町にある「増毛フルーツワイナリー」では、増毛町産の旭りんごを使い、丁寧に作り上げた「増毛シードル 旭」（税込み900円）を販売している。一口飲むと、その繊細さに驚くはず。甘みや香り、酸味など全てにおいてバランスがよくおすすめだ。

増毛産のりんごを使ったシードルやデザートワインが並ぶ

増毛フルーツワイナリー製造の商品は全て増毛産果汁100%

増毛町暑寒沢184-2
☎ 0164-53-1668
時 10時～17時
休 火・水曜休み

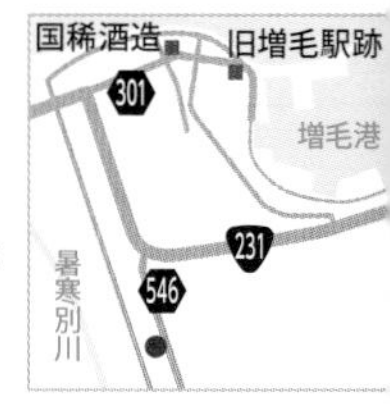

めむろワイナリー ［芽室町］

HP

十勝産ブドウ100%の希少赤ワイン

イタリア語で絆を意味する「LEGAME vin2021」は、十勝産ブドウの山幸と清舞を絶妙な配合でブレンドした赤ワイン。華やかな酸味と果実味がちょうどよく、重すぎないけれど軽すぎない赤ワインを探している人におすすめしたい。個人的には牛肉のステーキと相性が抜群。

生産者ごとに仕込んだ小型タンクがずらりと並ぶ。工場見学通路あり

小規模ワイナリーだからこそ、個性豊かなワインを醸造・販売

キャンプ本特典
キャンプ本持参+ワイン1本購入の方に芽室コーンサイダー1本プレゼント

芽室町中美生2線44番地3
☎ 0155-65-2077
時 平日10時～16時
休 不定休

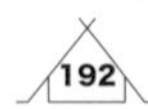

きんてきしゅぞう

金滴酒造 [新十津川町]

HP 

飲んで分かる、心地よい“一杯”

空知管内新十津川町にある「金滴酒造」は、1906年(明治39年)に創業された歴史のある蔵元だ。地元である新十津川産の酒造好適米と、近くを流れる徳富川(とっぷがわ)の伏流水を仕込み水に使用している。筆者おすすめは、新十津川町の応援大使であるシンガーソングライターの「さだまさし」さんがラベルを揮毫(きごう)した「金滴 大吟醸酒33」(税込み3,858円)だ。新十津川産酒造好適米の「吟風」を33%まで磨き上げており、驚くほど雑味のないフルーティーな味わい。まるで青リンゴのような爽やかな香りがスッと鼻を通り抜ける。冷から常温への温度変化も注目ポイントだ。常温に戻るにつれ、米の風味や味わいがグッと強く押し出されてくるのも楽しい。シンプルに日本酒だけを楽しむのもよし、塩胡椒で味付けした焼き鳥や焼き肉、白身魚の刺身やカルパッチョと合わせて飲むのもよし。保存は常温でOK。飲む前に冷やすことをお忘れなく。

キャンプ本特典
キャンプ本持参+3,000円以上の購入で一合マス1つプレゼント

歴史を感じる建物は、昔へタイムスリップしたような気分に

蔵元限定・期間限定などさまざまな日本酒が並ぶ

新十津川町字中央71-7
☎ 0125-76-2341
時 売店は平日(8時30分～17時30分)、土日祝(10時～16時)
休 1/1～1/3は休み

はこだてじょうぞう

箱館醸蔵 ［七飯町］

HP 

道南の米・水・人で醸す、こだわりの日本酒

2021年、道南の渡島管内七飯町に84年ぶりの蔵元「箱館醸蔵」が誕生した。ここでは四季醸造を行っており、通年で搾りたての日本酒が手に入る。精米から仕上げまでの全てを、自社で行っている珍しい酒蔵だ。日本酒造りに欠かせない米と水は、道南にゆかりのある酒米と横津岳の伏流水を使用。七飯町という土地だからこその地酒造りをしているのだ。おすすめの日本酒は「郷宝(ごっほう)特別純米 きたしずく」(税込み1,980円)。まろやかな質感とラフランスのような甘い香りが特徴。米の香りや旨み、コクを存分に味わうことができる。一度でも飲むと、定期的に"郷宝欲"が出てくるほどハマってしまう、そんな日本酒だ。日本酒に馴染(なじ)みのない人でも、飲みやすいのではないだろうか。日本酒だけをじっくり味わうのはもちろん、個人的にバーベキューやローストビーフなど、肉料理とのペアリングもおすすめだ。

キャンプ本特典
キャンプ本持参＋1,980円以上購入で、郷宝ロゴ入りグラス1個プレゼント（発売日より1カ月間限定）

2021年2月に完成。道南スギをあしらった、シンプルで木の温かみが感じられる蔵

試飲可能。飲み比べて自分好みを探すのもよし

七飯町大中山1丁目2-3
📞 0138-65-5599
時 土曜・日曜・祝日のみの営業
10時～12時、13時～16時

かみかわたいせつしゅぞう　りょっきゅうぐら

上川大雪酒造　緑丘蔵(Giftshop) ［上川町］

HP

“冷・常温・熱燗” どれでもおいしく味わえる

上川層雲峡ICから車で約3分。北海道弁で「飲まさる酒(ついつい飲んでしまう酒)」をコンセプトにした「上川大雪酒造 緑丘蔵」がある。大雪山の大・美しい雪・アイヌ文様をモチーフにしたシンボルマークがポイントだ。酒造りに最適な大雪山系の約7度の天然湧水と、北海道産の酒造好適米を使用した酒造りを行っている。おすすめの日本酒は、こだわらない飲み方ができる「上川大雪 特別純米」(税込み 1,980円)。冷やしても温めても常温でもおいしい日本酒だ。キャンプへ持ち運ぶ際の温度を気にしなくても良いのがうれしいところ。一口飲むと、サラッとした感覚でフルーティーな香りが鼻から抜けるのがたまらない。時間差でキリッと感も楽しめる。スッキリとした辛口すぎない味わいは、淡白な白身魚料理やアサリの酒蒸しとの相性が抜群。コンセプト通り、飲まさる日本酒。飲み過ぎ注意だ。

日本酒以外に雑貨なども並ぶ

キャンプ本特典

キャンプ本持参でグループ全員様、お一人1枚ステッカー(300円相当)をプレゼント※上川大雪緑丘蔵のみ

上川町旭町25番地1(緑丘蔵 Gift Shop)
☎ 01658-7-7380(緑丘蔵 Gift Shop)
時 10時～16時(夏季)、10時～15時(冬季)
休 不定休

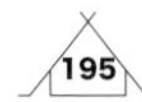

たなかしゅぞう　きっこうぐら

田中酒造　亀甲蔵 [小樽市]

HP

歴史的建造物で昔ながらの酒づくりを行う

小樽に四季醸造を行っている酒蔵「田中酒造 亀甲蔵」がある。ここでしか販売していない純米吟醸原酒「亀甲蔵」(税込み2,420円)は筆者おすすめ。甘味とコクが感じられるやや辛口の酒だ。日本酒らしいキレとフルーティーさ、飲んだあとの余韻もたまらない。

ずらりと並ぶ、
豊富な種類の日本酒。
季節限定品もあり

南小樽駅 17 勝納川 小樽ウイングベイ 697 南樽市場 小樽IC 5 393 札樽自動車道

キャンプ本特典

キャンプ本持参＋3,000円以上ご購入でおちょこ1個プレゼント

亀甲蔵の外には、
仕込み水を汲める場所も
完備(冬季閉鎖)

小樽市信香町2番2号
☎ 0134-21-2390
時 9時5分～ 17時55分
休 無休

にせこしゅぞう

二世古酒造 [倶知安町]

HP

たき火を眺めながら、じっくり味わうのに最適

たき火シーンでじっくり飲んでほしい日本酒。それは「二世古酒造」の蔵元オンリー販売の「二世古 貴醸酒 旨くち原酒」(720ml、税込み2,900円※発送も可《別途送料》)だ。仕込み水に原酒を使う贅沢な日本酒で、とろりと濃い味わいに続き上品な甘さと香りが口の中に広がる。日本酒そのものを味わいたい人におすすめ。

試飲できる種類も豊富。
飲み比べを楽しんで

「二世古」と書かれた
大きな建物が目印

キャンプ本特典

キャンプ本持参＋720ml原酒1本購入でおちょこ1個プレゼント

倶知安町字旭47番地
☎ 0136-22-1040
FAX 0136-23-2110
時 9時～ 17時
休 無休

こばやししゅぞう　くらもときたのにしききねんかん

小林酒造　蔵元北の錦記念館 [栗山町]

HP

冬の澄んだ空気に打ち上がる、美しい花火を表現

「小林酒造」の特約店限定流通品の「冬花火」(税込み1,980円)。上品なキレとコク、マスカットのようなフルーティーさが感じられる。口の中に豊かな味わいが広がり、まるで冬に打ち上がる花火のよう。冷、常温、お燗でもおいしく、キャンプシーンにピッタリ。

蔵元北の錦記念館。国の有形文化財にも指定されている建物

定番「北の錦」のほか、特約店限定品や季節限定品が並ぶ

キャンプ本特典
キャンプ本持参+1回のお買い物(金額問わず)で北の錦ロゴ入り【ぐい呑み】1個プレゼント(先着30個)※2023年4月～ 7月末まで

栗山町錦3丁目109番地
📞 0123-76-9292
時 10時～17時(11月～3月は16時まで)
休 無休(年末年始を除く)

くにまれしゅぞう

国稀酒造 [増毛町]

HP

お手頃価格でおいしい日本酒を

最北の蔵元「国稀酒造」は留萌管内増毛町にある。おすすめは「北じまん」(税込み1,023円)だ。やや甘めだが穏やかな香りと日本酒のキレ、しっとりとした旨味が感じられる味わい。冷・常温・人肌・熱燗どれでもおいしく、キャンプに最適だ。

最北の蔵元。店舗横には水汲み場がある

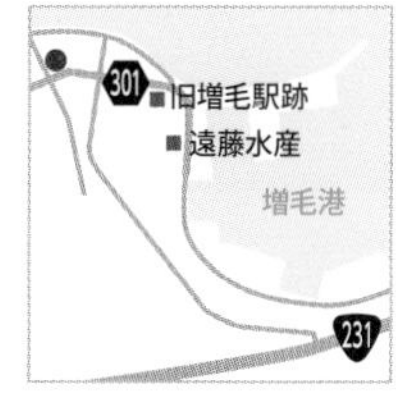

試飲可能な日本酒。種類が豊富なのもうれしいところ

キャンプ本特典
キャンプ本持参+1,000円以上購入で、非売品おちょこプレゼント(2023年内のみ)

増毛町稲葉町1丁目17
📞 0164-53-9355(売店直通)
時 9時～17時(酒蔵見学9時～16時30分)
休 年末年始休み、不定休あり

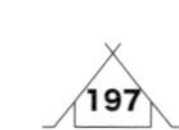

たかさごしゅぞう

髙砂酒造 ［旭川市］

300mlから選べる、香り・コク・キレのバランスがいい日本酒

華やかな香り・コク・キレを楽しめる

旭川市にある「髙砂酒造」。看板銘柄である「純米吟醸酒 国士無双」は、華やかな柑橘系の香りと、キレのある味わいが特徴。容量300mlから選べ、ちびちび飲みたい人にもおすすめ。スッキリとした飲み口で"冷・常温・熱燗"どの飲み方でもおいしいのがうれしいところ。

3日前までの予約で工場見学も可能。試飲コーナーもあり

キャンプ本特典

キャンプ本持参＋税込み3,300円以上購入で、おちょこ1個プレゼント

棚にはさまざまな種類の日本酒がずらりと並ぶ

旭川市宮下通17丁目右1号
☎ 0166-22-7480
時 9時～ 17時30分
休 年末年始休み

HP

ふくつかさしゅぞう

福司酒造 ［釧路市］

なめらかな口当たりフルーティーな日本酒を

釧路市にある「福司酒造」の蔵元限定「霧想雫（むそうだ）」は、なめらかな口当たりでフルーティーな香りが特徴の日本酒だ。やや甘口だが、キレのある味わいも感じられるため、辛口が苦手な人にもおすすめ。サイト設営後のホッと一息つく間に飲んでほしい。

「フルーティーな日本酒」を求めに、遠方からも人が集まる

品揃え豊富。季節限定の日本酒もあり

釧路市住吉2-13-23
☎ 0154-41-3100
時 平日10時～ 16時、土曜10時～ 14時
休 日曜祝日・年末年始休み（大型連休・お盆期間などは除く）

やえいがれーじこーひー
8A GARAGE COFFEE ［小樽市］

HP

こだわりの自家焙煎コーヒー豆&アウトドアギア独自開発

小樽市にある「8A GARAGE COFFEE(ヤエイガレージコーヒー)」は、コーヒー豆を一粒一粒丁寧に焙煎士がチェックを行い、2種類ある焙煎機を使い分けて自家焙煎しているお店だ。中でも「焚き火ブレンド 100g」(1,250円・税込み)は、深いコクと甘み、華やかな香りが楽しめる。その名の通り焚き火を眺めながらの一杯に最高だ。さらに「8A GARAGE PRODUCT(ヤエイガレージプロダクト)」という、アウトドアギア開発・販売も行っている。クラウドファンディングで商品化に成功したスリップメスティンは、特殊加工により焦げ付かずに仕上がりを美しく、洗い物も楽にするすぐれもの。北海道産の銘木と色鮮やかなレジンを組み合わせたコースターは、雪、深い森、川や海など地球の自然をイメージしている。木目の模様や色合いが個体によって異なり、2つとして同じデザインがないレジンボードは抽選販売が続く人気アイテムだ。

キャンプ本特典
キャンプ本持参+カフェ利用orギア購入でドリップパックコーヒー 1つプレゼント

元自動車整備工場だった建物をウッド調のおしゃれなカフェにカスタム

店内中央にあるたき火台。パチパチッと心地よい音が楽しめる

木とレジンが織りなす美しいレジンボード。左の穴にゴールゼロがセットできる

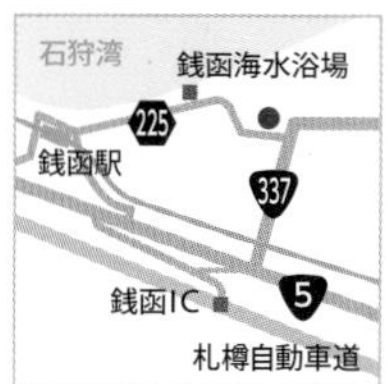

小樽市銭函3丁目183-35
電話 0134-64-9107
時 11時～18時
(L.O.17時30分、テイクアウトは18時まで)
休 なし

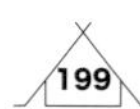

facebook 

はこだてまめいち

函館豆壱 ［函館市］

スペシャルティコーヒー豆が驚きの価格で

函館市本町に、ひっそりと佇む「函館豆壱」がある。世界各国から厳選したコーヒー豆を仕入れ、小型焙煎機で時間や温度、圧力を調節し、日々焙煎をしている。驚きのあまり、二度見するほどの価格で、スペシャルティコーヒーが手に入るお店だ。さまざまな産地や農園の生豆が並ぶ中、筆者がおすすめするのはスペシャルティコーヒーの「ニカラグア リモンシリョ農園 フィンカ・リモンシリョ・ジャバニカ」（100g・税込み550円）。口に含んだ瞬間はふわっと優しい香ばしさが感じられ、ソフトな酸味がスッと通り、苦味は強すぎず弱すぎない。お茶でいうとアールグレイやジャスミンのような味わいで、一度飲むと、定期的に欲してしまうくらいハマるだろう。キャンプサイトで設営などを終わらせたあとの“まったり時間”に飲んでほしい。ちなみに細挽きだと雑味が多く出てしまうため、中挽きくらいがおすすめ。

こぢんまりとした落ち着いた雰囲気の店内

キャンプ本特典

キャンプ本持参+1,000円以上のお買い上げでコーヒー1杯サービス（提供は開店から15時まで。1回のみ）※本の発売日から1ヶ月限定

入口にデザインされたポップなイエローカラーが目印

函館市本町31-35
☎ 0138-83-1826
時 10時～19時（土日10時～18時）
休 火曜と第1・第2水曜

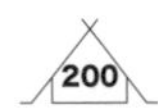

ふなきこーひー

舟木コーヒー ［釧路市］

HP 

一口で分かる、驚くほど繊細な味わい

釧路市に、スペシャルティコーヒー専門の自家焙煎コーヒー店「舟木コーヒー」がある。コーヒーの果実味が存分に楽しめるよう、丁寧にローストしているお店だ。筆者がおすすめするのは「エチオピア モカ」というコーヒー豆。雑味がない繊細でなめらかな口当たり。ベリーやイチゴなどに似た甘さと酸味が楽しめる。飲んだあとには、チョコレートのような余韻がある不思議なコーヒー豆だ。挽き加減は中細挽きぐらいがいい。酸味のあるコーヒーが苦手な人でも、これを飲むと「酸味のあるコーヒー＝苦手」という概念が変わるだろう。徐々にコーヒーの温度が低くなると、よりベリー系の酸味が強く感じられるのも楽しんでほしい。ちなみに、同店は自店精米にこだわる米穀店でもあり、ソロやデュオキャンプにちょうどいいサイズの0.5合お米パックが購入できる。コーヒー豆とあわせて購入するのもおすすめだ。

「舟木米穀店」の看板が目印

キャンプ本特典
キャンプ本持参でテイクアウトコーヒー50円引き

手軽にコーヒーを淹れたい人は「ドリップパック」もおすすめ

釧路市浪花町9-3（舟木米穀店内）
☎ 0154-22-4383
時 9時～19時
休 日曜・祝日休み

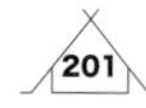

オンラインストア

ミンガスコーヒー ［札幌市］

香り高く、酸味と苦味のバランスがいい！ ホッと一息におすすめ

ミンガスコーヒーの「マイルド」はキャンプのコーヒーブレイクに特にぴったり。タンザニアをベースに、コロンビアやガテマラ、ブラジルを配合したブレンドコーヒーで、一口飲むと、華やかな酸味がスッと鼻を抜け、しっとりとした苦味が舌に残り心地よさが感じられる。

札幌の中心部に店舗あり。くつろぎの空間でカフェタイムが過ごせる

オーナーが焙煎の状態を確認しながら丁寧に自家焙煎を行う

札幌市中央区南1西1大沢ビル6F-7F
☎ 011-271-0500
時 9時～24時
休 不定休

Instagram

たーみなるこーひーすてーしょん

Terminal coffee station（ターミナルコーヒーステーション） ［札幌市］

まろやかな口当たりだが、しっかりとした味わい

独自にブレンドした「TCSB」。華やかな香りが楽しめ、一口飲むとバランスの取れた苦味と酸味がしっかりと感じられる。コクもあり、とても美味。全てのバランスが良く、個人的に夕焼けを眺めながら飲みたいコーヒーだ。コーヒー豆選びに悩んだら「TCSB」をチェック。

種類ごとに甘味や苦味、コク、酸味など分かりやすいメモ付き

キャンプ本特典
キャンプ本持参＋館内ご利用合計金額5,000円以上でオリジナルステッカープレゼント

店内は広く開放的。画像右にある焙煎機で丁寧に焙煎

札幌市南区定山渓温泉西1-1-1
時 11時～17時
休 木曜定休

こーひーろーすとおたる

コーヒーロースト小樽 ［小樽市］

HP 

雑味のない柔らかな酸味が楽しめる

小型の自家焙煎機を使い、注文後に焙煎する「コーヒーロースト小樽」。いろいろな産地の豆を取り揃えている中で、「コロンビア クレオパトラ」が筆者のおすすめ。雑味が少なく、華やかな香りとスッキリ柔らかな酸味が楽しめる。キャンプの朝に飲みたい一杯だ。

生豆から焙煎した出来立てが味わえる

さまざまな産地のコーヒー豆が揃う

キャンプ本特典
キャンプ本持参+メルマガ登録でテイクアウトのスタンダードコーヒー1杯無料

小樽市桜2丁目38-24
☎ 0134-64-6837
時 10時～ 18時30分

休 火曜休み（ショップQRコードよりご確認ください）

すぷらうと にせこ

SPROUT NISEKO（スプラウト ニセコ） ［倶知安町］

HP 

苦もあり楽もある「ニセコオートルート」を味わいで表現

後志管内倶知安町の「SPROUT（スプラウト）」には、ニセコ連峰を縦走する山岳ルート「ニセコオートルート」を商品名にしたブレンドコーヒーがある。苦味や酸味、甘さが口の中に広がり、まるで縦走しているような気分に。「また飲みたい」と、クセになる味わいが魅力だ。

キャンプ本特典
キャンプ本持参+3,000円以上購入の方にコーヒー 1杯無料

を踏み入れると、まるで海外を訪
たような素敵な空間が広がる

JR倶知安駅から徒歩1分。駐車場も完備

好みの味わいによって、自分にぴったりなコーヒーが見つかるチャート

倶知安町北1条西3-10
☎ 0136-55-5161

時 8時～ 19時
休 木曜休み

いしばしこーひー

ISHIBASHI COFFEE(イシバシコーヒー) [苫小牧市]

オンラインストア

優しさと甘酸っぱさが絶妙に絡みあう

ISHIBASHI COFFEEのおすすめは「エチオピア」。桃やジャスミンなどの香りが複雑に混ざり合い、優しい果実味が感じられて美味しい。さらに、冷めるにつれて、甘酸っぱさがギュッと凝縮されていくように感じられる。温度変化による味わいの変化も楽しんでほしいコーヒーだ。

明るく爽やかな店内。まったりとしたコーヒータイムを

一人でも立ち寄りやすい、おしゃれな雰囲気が魅力

キャンプ本特典
キャンプ本持参+コーヒー豆購入でコーヒー1杯無料

苫小牧市日吉町2-4-14
☎ 0144-84-8464
時 11時～19時
休 月曜・火曜休み

さくらこーひー

SAKURA珈琲 [旭川市]

HP

華やかな香りと味わい&手軽な水出しコーヒーも

コーヒー豆の産地や銘柄、農園までを明確にしている、旭川市の「SAKURA珈琲」。おすすめは華やかな香りが楽しめる「さくらスペシャルティ BLEND」と、手軽な「水出しコーヒー インドネシア スマトラ マンデリン G1」だ。水出しをはじめ、ミルクや豆乳出しもおいしい。

キャンプ本特典
キャンプ本持参でコーヒードリップパック1つプレゼント

旭川市緑が丘東3条1丁目2-11-22
☎ 0166-76-4566
時 10時～18時
休 月曜休み

中央にあるのが焙煎機。100通りのプログラムから豆に合わせた焙煎を行なう

駐車場は旭川工業高校向かいに3台完備

さわらこーひー

SAWARA COFFEE(サワラコーヒー) [帯広市]

オンラインストア

芳醇な香りに驚くこと間違いなし

香りに癒されるコーヒーとはこのことか、と納得したのが「インドネシア リントン グランブルー」だ。香りを楽しみつつ、スパイス感や酸味がほどよく口の中に広がるのがたまらない。テント設営後のホッと一息つく時間におすすめのコーヒー豆だ。

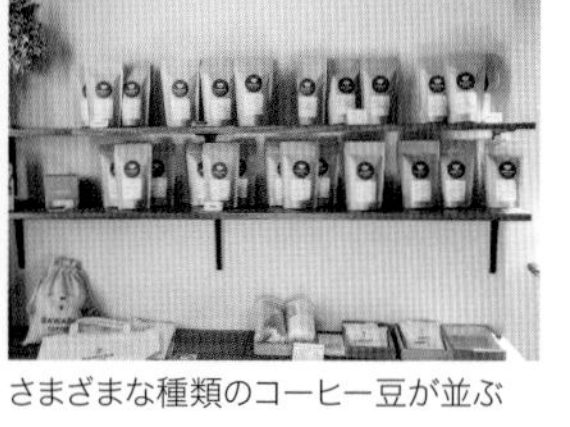

さまざまな種類のコーヒー豆が並ぶ

可愛らしい外観

キャンプ本特典
キャンプ本持参でドリップバッグプレゼント

帯広市西21条南2丁目42-10 1F
時 11時～18時(日曜15時まで)
休 水曜・木曜休み(詳細はHPで確認)

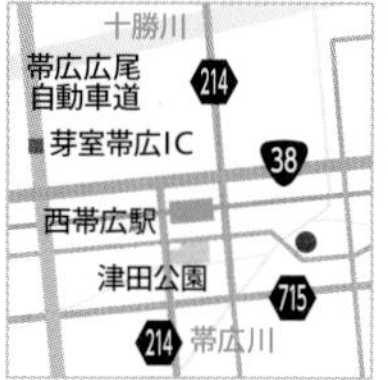

かしおぺいあこーひーてん

カシオペイアコーヒー店 [音更町]

HP

焙煎したての新鮮な豆が購入できる

十勝管内音更町の「カシオペイアコーヒー」。おすすめは「東ティモール トゥヌファヒ村」という中煎りのコーヒー豆だ。酸味・苦味がちょうど良く抽出される、中挽きがおすすめ。フルーティーな甘酸っぱさと香ばしさが、飲んだあとの舌の上に残るのがクセになる味わい。

オーナー自らがこだわり揃えたコーヒー豆

キャンプ本特典
キャンプ本持参＋コーヒー豆購入でテイクアウト用コーヒー1杯無料

地元客はもちろん、地方客で賑わう人気店

音更町新通北1-2-1
公式HPからメールのみ対応
時 10時～17時
休 火曜休み

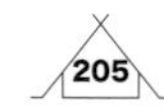

用語集

執筆陣の独断と偏見によるキャンプに関する用語集です。
参考になったり、ならなかったりの言葉の世界です。

	用語	解説
[あ]	アーリーチェックイン	オプション料金を支払うことにより、通常のチェックイン時間よりも早く利用できる制度のこと。先着順でよりよい場所を選ぶことができる人気サイトの場合は、アーリーチェックインがおすすめ。
[え]	エゾシカ	エゾシカは近年、全道各地に生息域を増やしている。2021年度の全道のエゾシカ捕獲数は目標16万3千頭に対して14万3千頭にとどまり、推定生息数は2020年度比2万頭増の69万頭という。車を運転時、道路を横断する群れとの衝突は回避したい。保険の特約が付いていなければ、かなりの損失となる。
[お]	オートキャンプ	車を横付けしてテントやタープを設営するスタイルのこと。荷物運びの手間も少なく、緊急時には隣に停めた車内に入って避難できるといった安心感からも、現在の主流のキャンプスタイル。ちなみに、この言葉は和製英語であり、外国人に言っても伝わらない。
	お座敷スタイル	ピクニックでよく見られる過ごし方で、芝生や地面にシートやマットを敷いて過ごす。
[か]	ガソリンスタンド	近年、急速に数が減っている施設。電気自動車(EV)がじわじわと普及してきたものの、まだまだガソリン車が多い北海道。数が少なくなってきた上に道内では隣町との距離もあり、早めの給油が必須である。特に地方へ行くと夜は早く閉まる店もある上、日曜日は休みというスタンドも多い。
	カラオケ禁止	キャンプ場やガイドブックには必ず出てくる注意事項。しかし近年「カラオケセット」なるものを持ち出して外で歌っている人を見ることは極めて珍しくなった。本来の意味は「周りに迷惑をかけるような大音量で音楽を聞くことはおやめください」というもの。
	カンガルースタイル	大きなタープやシェルターの中に小型テントを張るやり方。暖かい上にレイアウトの自由度が高いメリットがある。
	完ソロ	滞在するキャンプ場に自分以外誰一人として利用者がいない「完全ソロ」状態のこと。広い場内を独占した気分になれる一方、少々さびしい気持ちにもなる。
[き]	キタキツネ	北海道では都市部以外では、比較的どこにでも出没する。本州からの一部観光客には「かわいい」という印象があるかもしれないが、道内在住者は「エキノコックス」を保有する触れてはいけない動物という認識が一般的。高頻度で出現するキャンプ場もある。忍び足の音さえたてないで食料などを持ち去る常習犯として警戒したい。
	キャンステ交換	キャンプステッカーの略「キャンステ」。オリジナルのデザインで作ったステッカーは、キャンパー同士の名刺交換のよう。キャンプ場の掲示板に、キャンプステッカーが貼られているかもしれない。誰が来たかを知る一つの面白要素に。
	キャンプ沼(道具沼)	必要最小限の道具をそろえ、アウトドアを楽しめるようになった中・上級者が陥る生活習慣病の一種。もっと使い勝手のいい道具はないか。より快適な自分仕様のファーニチャーはないか。そんなことを追求していけばいくほど、深くてズブズブな沼にはまっていくさまを表した言葉。資金に余裕のある人は全く問題ないが、散財傾向のある人は注意したい。
[く]	ククサ	木をくり抜いて作った木製マグのこと。コーヒーを飲むのに使用するこだわりキャンパーも多い。もらった人が幸せになるという言い伝えがあり、プレゼント品にも選ばれる。
	グランピング	「グラマラスなキャンプ」という造語で、豪華なキャンプという意味。主にホテル施設が提供する、アウトドアテイストを楽しみながら食事や就寝ができるプランのこと。道内においては本格的な施設は少なく、多くはノルディスク製の大型コットンテントにベットやソファーなどを入れてアウトドアダイニングを加えたタイプ。豪華な食事はオプションになっている場合が多い。テント所有キャンパーとは、生態が異なるものかもしれない。しかし、キャンパーを増やすアウトドアの入り口としては、新しくいい取り組みだ。
	クリスマスキャンプ	クリスマスをキャンプで楽しむこと。「オートリゾート苫小牧アルテン(苫小牧市)」ではサンタクロースが登場し、子どもたちが楽しめる企画も用意されている。
[け]	警報	「大雨警報」「暴風警報」といった重大な災害の起こる恐れのある旨を警告して行う予報のこと。アウトドアを行う者として、こういった警報が出された時には速やかに撤去して退散したい。
[こ]	五右衛門風呂	かまどに据え付けた鋳鉄製の風呂釜にすのこ状の板を底板として敷き、下からまきを焚いてお湯を沸かして入るもの。これがあるキャンプ場では自分で水を入れて、火を起こしてお湯加減を調節して湯浴みをする。家庭では、蛇口をひねればすぐお湯が出てくる時代に、なんとも時間がかかる営みだが、貴重な体験として割り切って、楽しんでみたい。

	用語	解説
【こ】	コテージ	一般的な認識として快適度は、コテージ>バンガロー。コテージはバンガローに比べて宿泊に必要な設備と備品が整っている施設を指す。コテージにはベッドが置かれ、キッチン・トイレがあり調理用具も一通りそろっている。いわゆる貸別荘タイプに相当する宿泊スタイルを指す場合が多い。
	ゴミ問題	キャンプにかかわらず、旅行中でもゴミを捨てられる場所が少なくなった。「ゴミはお持ち帰り」の施設が増え、できるだけゴミを出さないように事前の準備や下ごしらえすることを心掛けたい。
【さ】	三角テント	古き良き昭和の時代に見られた黄色い三角屋根型のテントのこと。テントの周りに溝を掘って設営せよ、が常識だったことが懐かしい。
	参加人口	日本オートキャンプ協会による「オートキャンプ参加人口」によれば、全国でキャンプを楽しんでいる人は約800万人となっている。あくまでも推計値として発表している数字だが、国内人口の7%ほどが楽しむ一大レジャー。北海道においては、もっと参加率が高いようにも感じる。近年、「第2次キャンプブーム」と呼ばれてここ7～8年参加人口が微増しているが、30年ほど前は現在の2倍の1,600万人が楽しむものであった。
【し】	直火（じかび）	地面に直接まきなどを置いて焚き火をすること。通常はマナー違反として「禁止」している施設が多い。しかし、まれに「ニセコサヒナキャンプ場（蘭越町）」「歌才オートキャンプ場ルピック（黒松内町）」「とままえ夕陽ヶ丘オートキャンプ場（苫前町）」のように石組みの炉が用意されているキャンプ場もある。こうした施設では、ワイルドな焚き火が楽しめる。ただし、風が強い時は火力に細心の注意を払いたい。
	シマエナガ	北海道にだけ生息するスズメほどの野鳥。その愛くるしい姿から「雪の妖精」と呼ばれ、人気が高まっている。道内では市街地や公園にもいるというが、なかなか出会えない。「チーチーチー」「ジュルル」「ジュルリ」という独特の鳴き声を耳にした時はチャンス。数羽が群れてすばしっこく移動する。
	新幕	新しいテントのこと、「新幕、初張り」はキャンパーにとってココロがオドル瞬間。
【す】	スカート	テントスカートのこと。テント下からの冷気や風を防ぐ。自作して取り付ける人がいるほど、あるのとないのでは大違い。寒い季節の冷気や雨対策だけではなく、野生動物の侵入を防ぐ役割も果たす。
	スパッタシート	焚き火台下に敷く防炎素材のシート。焚き火台使用で焚き火可というキャンプ場が多いが、さらにその下に防炎用の板の使用を推奨しているキャンプ場も多い。焚き火シートとも呼ばれるスパッタシートは、地面への熱を防ぐためだけではなく、灰が飛散したときのためにも必ず敷いておきたい。
【せ】	石油ストーブ	キャンプシーズンを4～5カ月確実に伸ばしてくれる道具。春先やGWのころと、晩秋や冬のキャンプには必須。一酸化炭素チェッカーという小道具とセットでそろえたい。
	セミオートサイト	区画のオートサイトとフリーサイトの中間的なサイト。フリーサイトでもサイト際に車を駐車できれば、ほぼオートキャンプができる。正式なオートサイトではないので、状況にもよるが、安い料金でオートサイト的な利用ができるかもしれない。
【そ】	ソログルキャン	近年増加してきた仲間とのキャンプスタイル。ソロ＝一人用のテントを持ち寄り、グループでキャンプを楽しむ人々のことを指す。寝る場所・テントは個別で。食事や焚き火は1カ所にしてみんなで集まって、という過ごし方のこと。若者のグループかおじさんグループが多いものの、近年では女子ソログルキャンも増えている。
【た】	立つ鳥跡を濁さず	立ち去る者は、見苦しくないようきれいに始末をしていくべきという戒め。キャンプサイト使用者はこのことわざを至言として、来た時以上にきれいにして次の人のことをおもんぱかるようにして帰ることを旨としたい。
	段々畑状	斜面に造成されたキャンプ場で、テントを張る場所を平らに、かつ水平を保つために採用された造成手法。水平面とのり面とが交互に現れる棚田のようになっている状態を示す言葉。
【て】	TCテント、TC素材（てぃーしーてんと、てぃーしーそざい）	寒い季節まで使えるコットン混紡生地。保温性にも優れているので冬キャンプにおすすめだが、何より通気性が良いため、結露が起きにくい。寒暖差が大きい北海道では特に人気のテント。結露に悩んでいる人がいるなら、ぜひTC素材のテントを使ってみてほしい。
	デイキャンプ	夜、泊まらないで、キャンプ場を日帰り利用すること。キャンプ初心者や、あるいはベテランでもBBQといった昼食を雰囲気の良い屋外空間で味わいたいと思う人が利用する。施設側も、こういった利用を見込んで、通常料金よりも割安な設定をしているところが多い。タープとイスとテーブルを車にさっと積み込んで気軽に気分よく過ごせる。

	用語	解説
[て]	テント床(てんとどこ)	最近はめっきり登場しなくなった。テントを張る地面の四方を丸太で囲い、その中に砂を入れた仕様にしたもの。おそらく、水はけを考えての仕様だったにちがいない。かつては「ネコの寝床」と揶揄されていた。昨今はテントが大型化していることから採用する施設はほとんど見かけなくなった。
[と]	年越しキャンプ	年越しをキャンプ場で過ごす人も増えてきた。「オートリゾート苫小牧アルテン(苫小牧市)」「メイプルキャンプ場・RVパーク(恵庭市)」などは、元日にお汁粉の振る舞いや餅つきイベントなどを開催している。すごいのは宗谷岬。「宗谷アタック」と呼ばれ、日本の最北地で日の出を拝もうと、全国各地から、時には二輪のツワモノたちが集まって、テントの花を咲かせている。
	トナラー	駐車場でも、キャンプサイトでも、人の隣にピタッとくっついてくる人のこと。わざわざ遠くにポツンと離しておいても、なぜか隣に寄ってくる。
[に]	24時間駐在	管理人さんが常駐していることを指す。24時間ということは、夜も安心して過ごせるという意味合い。小さな子どもがいるファミリーや女性のソロなどは、このワードがガイドブックに記載されているところを選ぶと安心だ。
[は]	BBQ(ばーべきゅー)	キャンプの定番。野外での食事の王道でもある。でも、だんだん飽きてきて、ほかのメニューに移行していく初心者のメニューとも思われている。本来は塊肉を丸焼きにすることを指すようだが、道内でのそれは、足つきの四角い箱状のコンロに炭を入れて、網か鉄板を敷いて肉・野菜・海鮮ものを焼く調理法を指す場合が多い。「BBQ＝焼肉」、または、「BBQ＝炭焼き」の意味。たきつけとうちわはコンロと合わせて必須の道具。腹が減っているからといって、炭に火がついたらすぐに肉を載せようとする人がいるが、本当は、炭全体が白っぽくなったころからが安定した火力となることをアドバイスしておきたい。
	バンガロー	辞書的な意味としては「キャンプ場などに設けられた宿泊用の簡易な小屋」(広辞苑)とある。各キャンプ場も統一した定義はない。おおざっぱに言って設備はほとんどなく、自分たちで道具のほとんどを持ち込んで使う雨風しのぎの小屋という感じで準備しておけば間違いはないだろう。
[ふ]	ブッシュクラフト	キャンプにおいては、自然の中で生きる知恵を身につけることを目的として、自然の中で生活する技術やスタイルのことを指す概念。文明の利器に囲まれて、電気器具を駆使するキャンプとは180度異なる世界。「白老キャンプフィールド　ASOBUBA(白老町)」などに専用サイトがある。
	冬キャン	道民の感覚では、冬キャン＝雪中キャンプ。積雪がない日は、比較的寒くても秋キャンプ。積雪があってこその冬キャンプと言うキャンパーも多い。雪が積もると除雪にうんざりする人がいる一方で、冬キャンを目当てに雪が積もることを楽しみにしている人も多い。雪中キャンプについては第3章で解説。
	フリーサイト	これまでフリーサイトに予約という概念はなかったかもしれない。しかし、近年のブームや入場者数の把握といった観点から、フリーサイトでさえ区画サイトとなり、予約が可能になったキャンプ場も多い。1組のタープやテントの数に制限がある場合もある。自由に場所が選べたり、広く使えない場合もあるので気をつけたい。
[へ]	ペグ	テントを買った時に必ずついてくる重要な付属品。ビギナーのうちはいいが、「モラップキャンプ場(千歳市)」のように荒い砂地のサイトでは心もとなく、長くて頑丈なものにグレードアップするのが安心。雪深い地でテント泊する場合は、長くて細い竹ペグが使用されることもある。
	ベンチレーション	テントにある換気口のこと。換気や結露対策で常に開けておきたい。
[ま]	幕内外温度計(まくないがいおんどけい)	幕内外温度計で気温の下がりをチェック。気温の下がり具合を数値でも把握できるので便利。幕内(テント内)と外気温の差が大きいとテンションが上がる人もいる。寒暖差が大きい北海道だからこそ、利用する人も多い。
	満場(まんじょう)	キャンプ場内がいわゆる「満員御礼」になること。運営管理者はどこか誇らしげにこの言葉を語るが、入れなかった利用者にとっては切なく響く。
[れ]	レイトチェックアウト	宿泊利用の本来のチェックアウト時刻よりも何時間か遅くできるオプション。天気が良ければ、テントを乾かすことができ、朝の時間も心にゆとりをもって過ごすことができる。
[ろ]	ロースタイル	ここ数年主流のスタイル。イスとテーブルの高さが地面から30 ～ 40センチと低めで、火いじりやくつろぎに適した高さ。
[わ]	ワンポールテント	1本のポールで自立するテント。フレーム型よりもポールを通すなどの手間がないため、設営が非常に簡単で初心者にもおすすめ。

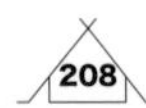

キャンプがもっと楽しくなる本

キャンプに役立つアウトドアの本を紹介します。すべて北海道新聞社の本です。

北海道キャンプ場&コテージガイド2023-24

花岡俊吾著
A5変型判、336頁　1,980円
2023年4月発売
北海道のキャンプ場ガイドの定番商品。初心者からファミリー向けに最適な一冊です。

**決定版
北海道道の駅ガイド
2023-24**

花岡俊吾著
A5変型判、272頁　1,870円
2023年4月発売
北海道内の全駅が紹介されています。バーベキューの食料調達やドライブ休憩に便利です。

**決定版
北海道の温泉まるごと
ガイド2022-23**

小野寺淳子著
A5判、364頁　2,200円
2021年10月発売
北海道内の500カ所以上の温泉を紹介。キャンプ場近くにある温泉も探せます。

**北海道
大人の日帰りスポット
480**

花岡俊吾著
A5変型判、288頁　1,870円
2022年4月発売
キャンプに行く道中に立ち寄りたい直売所、ご当地グルメが味わえる地元商店なども紹介。

新　夏山ガイド1　道央

長谷川哲著
B6判、304頁　2,640円
2022年4月発売
「夏山ガイド」シリーズは、登山愛好者必携の本。地域別に、6冊に分かれています。

**北海道のワイナリー 50
つくり手たちを訪ねて**

阿部さおり・阿部眞久著
A5判、192頁　1,980円
2022年11月発売
道内50軒のワイナリーガイドです。キャンプとワイナリー巡りを組み合わせてみては。

**増補新版
北海道野鳥観察地ガイド**

大橋弘一著
A5判、240頁　2,200円
2020年4月発売
キャンプとバードウォッチングを楽しみたい人ならこの本。野鳥観察地79カ所を紹介。

**改訂第2版
北海道の野鳥**

北海道新聞社編
B6判、392頁　2,750円
2020年8月発売
道内で撮影された363種の野鳥を収録したロングセラー。鳥の識別ポイントがわかります。

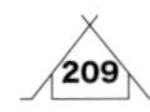

五十音索引

北海道市町村位置図及び人口

北海道	5,183,687
市計	4,275,175
町村計	908,512

道央

石狩振興局	
計	2,382,414
札幌市	1,960,668
中央区	241,244
北区	285,887
東区	261,971
白石区	213,280
豊平区	225,082
南区	135,314
西区	218,245
厚別区	125,687
手稲区	141,958
清田区	112,000
江別市	119,701
千歳市	97,716
恵庭市	70,108
北広島市	57,767
石狩市	58,096
当別町	15,445
新篠津村	2,913

後志総合振興局	
計	196,847
小樽市	110,426
島牧村	1,352
寿都町	2,799
黒松内町	2,690
蘭越町	4,547
ニセコ町	4,946
真狩村	1,951
留寿都村	1,895
喜茂別町	2,078
京極町	2,853
倶知安町	14,789
共和町	5,659
岩内町	11,658
泊村	1,526
神恵内村	797
積丹町	1,883
古平町	2,798
仁木町	3,165
余市町	17,920
赤井川村	1,115

空知総合振興局	
計	277,220
夕張市	7,055
岩見沢市	78,112
美唄市	20,001
芦別市	12,430
赤平市	9,368
三笠市	7,930
滝川市	38,780
砂川市	16,169
歌志内市	2,916
深川市	19,658
南幌町	7,378
奈井江町	5,090
上砂川町	2,698
由仁町	4,871
長沼町	10,336
栗山町	11,308
月形町	2,955
浦臼町	1,692
新十津川町	6,507
妹背牛町	2,757
秩父別町	2,331
雨竜町	2,214
北竜町	1,713
沼田町	2,951

道南

渡島総合振興局	
計	377,705
函館市	248,106
北斗市	45,025
松前町	6,445
福島町	3,702
知内町	4,044
木古内町	3,853
七飯町	28,062
鹿部町	3,721
森町	14,456
八雲町	15,338
長万部町	4,953

檜山振興局	
計	33,406
江差町	7,156
上ノ国町	4,467
厚沢部町	3,599
乙部町	3,428
奥尻町	2,425
今金町	4,963
せたな町	7,368

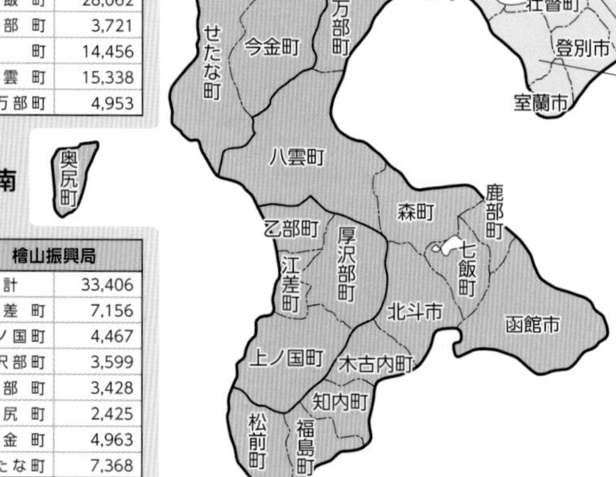

胆振総合振興局	
計	378,326
室蘭市	79,986
苫小牧市	169,528
登別市	46,135
伊達市	32,901
豊浦町	3,731
壮瞥町	2,392
白老町	16,052
厚真町	4,393
洞爺湖町	8,235
安平町	7,394
むかわ町	7,579

道央

日高振興局	
計	62,976
日高町	11,445
平取町	4,659
新冠町	5,249
浦河町	11,720
様似町	4,087
えりも町	4,428
新ひだか町	21,388

道北

宗谷総合振興局	
計	60,246
稚内市	32,280
猿払村	2,627
浜頓別町	3,442
中頓別町	1,637
枝幸町	7,640
豊富町	3,756
礼文町	2,360
利尻町	1,931
利尻富士町	2,333
幌延町	2,240

留萌振興局	
計	42,514
留萌市	19,739
増毛町	3,964
小平町	2,922
苫前町	2,888
羽幌町	6,531
初山別村	1,113
遠別町	2,466
天塩町	2,891

上川総合振興局			
計	478,765	美瑛町	9,636
旭川市	327,960	上富良野町	10,342
士別市	17,676	中富良野町	4,796
名寄市	26,663	南富良野町	2,363
富良野市	20,617	占冠村	1,229
鷹栖町	6,701	和寒町	3,097
東神楽町	10,110	剣淵町	2,950
当麻町	6,267	下川町	3,098
比布町	3,532	美深町	3,991
愛別町	2,612	音威子府村	682
上川町	3,308	中川町	1,413
東川町	8,390	幌加内町	1,332

十勝

十勝総合振興局	
計	331,894
帯広市	165,047
音更町	43,483
士幌町	5,946
上士幌町	4,935
鹿追町	5,228
新得町	5,668
清水町	9,157
芽室町	18,181
中札内村	3,913
更別村	3,177
大樹町	5,423
広尾町	6,359
幕別町	26,273
池田町	6,288
豊頃町	3,031
本別町	6,545
足寄町	6,545
陸別町	2,279
浦幌町	4,416

釧路・根室

釧路総合振興局	
計	220,568
釧路市	163,110
釧路町	19,152
厚岸町	8,808
浜中町	5,499
標茶町	7,287
弟子屈町	6,840
鶴居村	2,481
白糠町	7,391

根室振興局	
計	71,418
根室市	24,231
別海町	14,558
中標津町	22,978
標津町	5,056
羅臼町	4,595

オホーツク

オホーツク総合振興局	
計	269,388
北見市	114,326
網走市	34,016
紋別市	20,928
美幌町	18,563
津別町	4,331
斜里町	11,001
清里町	3,879
小清水町	4,579
訓子府町	4,738
置戸町	2,715
佐呂間町	4,842
遠軽町	18,956
湧別町	8,316
滝上町	2,412
興部町	3,687
西興部村	1,033
雄武町	4,223
大空町	6,843

和4年住民基本台帳人口（2022年1月1日現在）

執筆者一覧

第1、2、3、5章
取材・執筆

川手　有沙
（かわて　ありさ）

北海道キャンプフォトライター。2019年に小学校教員を退職し、WEBサイト「Possibility.Labo＊ポジラボ」とYouTube「Keitan's Camp」を運営。日本キャンプ協会公認キャンプインストラクターの資格を有し、キャンプイベントの企画や運営なども行う。

巻頭グラビア　撮影

中嶋　史治
（なかじま　ふみはる）

フォトグラファー。BLUE COLOR DESIGN代表。札幌を拠点に活動する広告カメラマン。被写体は多岐にわたり、特に、食べ物、人物、風景などが一番輝く瞬間をムービーとスチールで切り取る。仕事もプライベートも広大な北海道を日々走破している。

第7章　取材・執筆

タカマツミキ

アウトドアライター。自身の経験をもとに、Webや雑誌などの媒体で取材＆執筆、地方新聞でアウトドアコラムを連載。料理・三菱Jeep・カメラ・猫が好き。ソロキャンプで「ホルモン×ビール」の組み合わせも大好き。

第4章　執筆

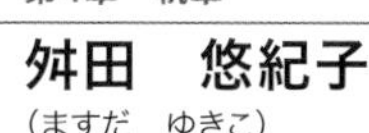

舛田　悠紀子
（ますだ　ゆきこ）

フードコーディネーター。MINY's KITCHEN代表。Instagramでも人気のお弁当＆フードコーディネーター。夫や娘のおしゃれなお弁当を日々更新しながら、人気webメディアのコンテンツづくりや雑誌撮影のスタイリングなども担当する。

第1、6章　取材・執筆

花岡　俊吾
（はなおか　しゅんご）

アウトドアライター。札幌の広告会社勤務を経て独立。企業の広報やwebサイトの記事制作などがメインの仕事。著書に『北海道キャンプ場＆コテージガイド』『決定版北海道道の駅ガイド』（どちらも北海道新聞社）ほか多数。

第1、5、6章　取材・執筆

まるなな

車中泊雑誌「カーネル」公式アンバサダー兼ライター。軽キャンピングカー「テントむし」と北海道内でひとり車中泊旅、ソロキャンプ、登山を楽しむ動画をYouTube「まるななちゃんネル」やブログ「まるななブログ」にて配信中。

おでかけガイド

地域別索引

石狩管内

後志管内

空知管内

胆振管内

日高管内

渡島管内

檜山管内

上川管内

留萌管内

宗谷管内

オホーツク管内

表 紙 写 真（朱鞠内湖畔キャンプ場 幌加内町） 中嶋史治
裏表紙写真（初山別村みさき台公園キャンプ場 初山別村） 川手有沙

取材・執筆
川手有沙（第1･2･3･5章）、中嶋史治（巻頭グラビア）、タカマツミキ（第7章）
舛田悠紀子（第4章）、花岡俊吾（第1・6章）、まるなな（第1・5・6章）

編集　五十嵐裕揮（北海道新聞社）

北海道極上キャンプ

2023年4月28日初版第1刷発行
編　者　北海道新聞社
発行者　近藤　浩
発行所　〒060-8711 札幌市中央区大通西3丁目6
出版センター　編集 011-210-5742
営業 011-210-5744
印　刷　（株）アイワード

ISBN 978-4-86721-097-0

本書の掲載情報は2023年（令和5年）3月現在の情報です。料金や施設の情報は変更になる場合もあります。また、新型コロナウイルスの感染拡大の影響により、施設の閉鎖や利用を制限する可能性があります。ご利用の際には、必ず事前にご確認ください。